Réserve
p. Ye. 22 et 23.

Réserve.
p. Ye 22.

LA GRANDE BIBLE DES N.O.E.L.S.

TANT VIEILS QUE NOUVEAUX.

Composez à la louange de Dieu & de la Vierge Marie, Sur le chant de plusieurs belles Hymnes & Chansons de cette Année.

A Troyes, & se vendent,

A PARIS,

Chez la Veuve NICOLAS OUDOT, rue vieille Bouclerie, prés le Pont Saint Michel 1699.

Avec Permission.

TABLE DES NOELS
contenuës en ce Livre.

COnditor alme siderum,   page 3

Noel, Noel, disons trois fois Noël,   4

Voicy le temps que fut né Jesus-Christ,   8

Chantons joyeusement,   9

Puer nobis nascitur,   11

Chantons je vous prie,   12

Noel pour l'amour de Marie,   18

Le Createur par une providence,   20

Chantons je vous prie,   25

Il fait bon aimer,   27

Joseph est bien marié,   29

Une jeune pucelle de noble cœur,   30

Saint Prophete, saint Prophete,   32

Noel nouvellet, Noel chantons ici,   34

Détoupez trestous vos oreilles,   36

Voicy le jour solemnel,   39

Les Bourgeois de Châtres,   42

O nuit heureuse nuit,   46

Etant né le doux Jesus-Christ,   48

Chantons je vous en prie,   51

Voici le Redempteur qui vient,   53

Où s'en vont ces gais Bergers,   55

Grace soit renduë,   57

Vous qui desirez sans fin,   60

SUITE DE LA TABLE

des Noels contenus en ce Livre.

Quoy ma voisine es-tu fâchée, page	65
Vous tous Bergers, &c.	67
Il n'est rien de plus tendre.	70
Plusieurs du Village.	72
Trois illustre Mages.	73
Ie me suis levé par un matinet.	74
Vous tous qui passez la voye.	77
Les Bourgeois de Chartres.	83
Noel, Noel, Noel cette iournée.	87
Cette digne accouchée.	88
Nous sommes en voye.	92
C'est la Reyne du Ciel	94
En Bethléem Ville de renom.	96
A minuit sur fait un réveil.	98
L'Ange du Ciel j'ay ouy chanter.	102
Un iour le Sauveur du monde.	103
Voicy le Redempteur qui vient.	105
Chantons de voix hautaine	106
Chantons Hymnes & Cantiques.	108
Roy Eternel que tout le monde admire	109
Kyrie le iour de Noël	111
Chantons à ce Noel ioly.	112
Une Bergere iolie	114
La slez paistre vos bêtes.	117
Enfin le iour est advenu.	120
O heureuse iournée.	122
Si c'est pour ôter la vie.	114
Que maudit soit le peché, &c.	116

LA GRANDE
BIBLE
DES NOLES

TANT VIEILS QUE NOUVEAUX.

Onditor alme siderum,
Æterna lux credentium,
Christe redemptor omnium,
Exaudi preces suplicum.

Noel, Noel, Noel, Noel,
Noel, Noel, Noel, Noel,
Noel, Noel, Noel, Noel,
Noel, Noel, Noel, Noel.

Qui condolens interitu,
Mortis perire sæculum,
Salvasti mundum languidum,
Donans reis remedium.   Noel.

Vergente mundi vespeè,
Uti sponsus de thalamo,
Legressus honestissima,
Virginis matris clausula.   Noel.

Cujus fortis potentiæ,
Genu curvantur omnia,
Cœlestria terrestria,
Fatu ut nutu subdita.   Noel.

Te precamur agiè,
Venturè judex sæculi,

Conserva nos in tempore,
Hosti à tela perfidi
   Laus, honor, virtus, gloria
Deo Patri & Filio,
Sancto simul paraclito.
In sempiterna sæcula. Amen.
  Noel, Noel, Noel, Noel,
  Noel, Noel, Noel, Noel,
  Noel, Noel, Noel, Noel,
  Noel, Noel, Noel, Noel.

NOEL POUR LE JOUR DE LA
Nativité de Nôtre-Dame.
Sur un chant nouveau.

NOel, Noel, disons trois fois Noel,
  Chantons de cœur Noel,
Pour complaire à Noel.
   Noël, Noel, disons trois fois Noel, &c.
  Chanter nous faut de Jesus nôtre Roy,
Qui au temps vient pour nous donner la Loy,
Il nous aprit la créance & la Foy,
Donc par devotion, nous devons bien chanter.
   Noel, Noel, disons trois fois Noel, &c.
  Eve & Adam furent là méprison,
Dont Jesus fut en humaine prison,
Si devons bien par devotion,
Pour l'amour de son nom, à luy nos cœurs planter.
   Noel, Noel, disons trois fois Noel, &c.
  Tous les enfans d'Adam furent nez,
Pour leurs méfaits furent à mort livrez,
Mais Jesus Christ qui est sur tout aimé,
Pour tous les condamnez, vient l'amende payer.
   Noel, Noel, disons trois fois Noel, &c.

Les Propheres criérent longuement,
De cet Enfans le saint avenement,
Or est venu le tems que noblement,
Pour nôtre sauvement s'est voulu obombrer.

      Noel, noel, disons trois fois Noel, &c.

En Nazareth où la Pucelle étoit,
Vint Gabriel qui le secret portoit,
Paisiblement la Dame l'écoutoit,
Qui du fait ne ce doutoit, lors se prit à chanter.

      Noel, noel, disons trois fois noel, &c.

Dame vers vous faut faire mon devoir,
Le Roy du Ciel par moy vous fait sçavoir,
Un fils vous faut porter à dire vray,
Sans pecher concevoir, & sans peine endurer.

      Noel, noel, disons trois fois noel, &c.

Lors se print moult la Dame à émerveiller,
Quand elle oüy ainsi l'Ange parler,
A donc luy dist Dieu vray messager,
Vueillez moy enseigner le sens de vôtre parler.

      Noel, noel, disons trois fois noel, &c.

J'ay des long-tems en mon cœur proposé,
Que je n'auray jamais homme épousé,
Dieu à mon cœur de sa grace arrousé,
A luy-même suis oüée sans nul autre épouser.

      Noel, noel, disons trois fois noel, &c.

L'Ange luy dit Dame ne vous doutez.
Joyeusement ma parole écoutez,
Le Saint Esprit qui est sur tout ainé,
Viendra en vos costez pour cet Enfant former.

      Noel, noel, disons trois fois noel, &c.

Elizabeth qui fut fille de Roy,
Sterile étoit, ayant perdu ses droits,
Elle a conçeu un enfant de neuf mois.

Dieu est dessus la Loy, nul ne peut empêcher,
      Noel, Noel, disons trois fois Noel, &c.
    Puis qu'ainsi est Ange de verité,
Qu'enfanter puis en ma virginité,
Je me soumets à la Divinité,
A ce qu'as recité bien m'y veux accorder.
      Noel, Noel, disons trois fois Noel, &c.
    Si-tôt qu'elle eut dit son consentement,
Elle conçu Jesus, divinement,
Vierge devant, Vierge en l'enfantement,
Et perdurablement se peut Vierge nommer.
      Noel, Noel, disons trois fois Noel, &c.
    Quand Marie sçeu le fait d'Elizabeth,
De l'aller voir en son chemin se met,
Legerement y va sans trop tarder,
De la servir s'entremet pour la plus honorer.
      Noel, Noel, disons trois fois Noel, &c.
    Joseph étoit en grande suspition,
Laisser voulu la Vierge de renom,
Mais Gabriel fit reveration,
Que sans corruption devoit enfant porter.
      Noel, Noel, disons trois fois Noel, &c.
    Au mandement de Cesar Empereur,
En Bethléeme étoit la Dame un jour,
En pauvre lieu & de petit atour.
De nôtre Createur luy convint delivrer.
      Noel, Noel, disons trois fois Noe &c.
Aux Pastoureaux de cette Region.
L'Ange du Ciel fit revelation,
En grande clarté & jubilation,
Et par devotion leurs print à raconter.
      Noel, Noel, disons trois fois Noel &c.
Noncer vous veux grande admiration,

né est le Roy de toute nation.
En Bethléeme la cité de renom,
Par grand devotion nous y convient aller.
     Noel, Noel, difons trois fois Noel, &c.
    Dit l'un à l'autre avez vous l'Ange oüy,
Qui maintenant à nos cœurs rejoüi,
Allons y tous chacun y eft convié.
En répondant ouy pour nous mieux informer.
     Noel, Noel, difons trois fois Noel, &c.
   En Bethléeme s'en font allez le pas,
Là ont trouvé le doux Enfant à bas,
Et fa Mere qui fans aucun foulas,
Le voyant fur du foin ne ceffoit de pleurer.
     Noel, Noel, difons trois fois Noel, &c.
   L'Eftoile qui de Dieu fut ordonnée,
Vint aux trois Rois, & les a conviez,
En Bethléeme fi les a amenez,
Au lieu où Dieu fut né puis ne fe veux montrer.
     Noel, Noel, difons trois fois Noel, &c.
   Là font entrez les Nobles Chevaliers,
Qui ont trouvé l'Enfant enveloppé,
Devotement fe font agenoüillez,
Et fort humiliez pour l'Enfant adorer.
     Noel, Noel, difons trois fois Noel, &c.
   Par grand plaifir vont l'Enfant adorant,
Trois dons faifant en le plus honorant,
Myrrhe, Or fin & Encens odorant,
Et puis tous en pleurant veulent s'en retourner.
     Noel, Noel, difons trois fois Noel, &c.
  Saint Simeon qui l'Enfant defiroit,
Prophetifa que mort ne fouffriroit,
Tant que l'Enfant entre fes bras tiendroit,
Et que porté l'auroit fur l'Autel prefenter.

Noel, Noel, difons trois fois noel, &c.

La Vierge au Temple aporta Jefus-Chrift.

Saint Simeon entre fes bras le dit,
Saint Simeon entre fes bras le prit,
Et à chanter fe mift en difant haut & clair.

Noel, Noel, difons trois fois noel, &c.

En paix de cœur. Sire je t'ay connu,
Entre mes bras humblement t'ay reçeu,
Faut maintenaut que paye le tribu,
Car j'ay mon Sauveur veu tems eft de trépaffer.

Noel, Noel, difons trois fois noel, &c.

Prions-le tous de cœur devotement,
Que fon amour aimons parfaitement,
Ainfi qu'aprés nôtre trépaffement,
Puiffions joyeufement en fa gloire regner

Noel, Noel, difons trois fois noel,
Chantons d'un cœur noel,
Pour complaire à noel.

Autre Noel, Sur le chant : *Helas mon Pere
donnez moy un mary.*

Voici le tems que fut né Jefus-Chrift,
D'une Pucelle pleine du Saint efprit,
Qui l'enfenta fans douleur & fans peine,
Chantons noel tretous en bonne eftrene,
Qu'euffions nous fait s'il ne fuft defcendu,
Car en effet le monde étoit perdu,
S'il n'eût vêtu nôtre nature humaine,
Chantons noel treftous par bonne eftreine.
Pour commencer de montrer fon pouvoir,
A douze ans vint dans le Temple s'affeoir,
Pour difputer de la Loy fouveraine.

Chantons Noel trestous par bonne estreine.

Tous les Docteurs s'étonnent grandement,
Voir un enfant si docte, & si prudent,
En ignorant sa puissance certaine,
Chantons Noel trestous par bonne esteine.

Le bon Jesus, sa Mere & ses amis,
A la charge se sont tous entremis,
Trois jours entiers en grand travail & peine,
Chantons Noel trestous par bonne estreine.

L'ayant trouvé ils l'ont pris par la main,
Ensemble ils se mettent en chemin,
Pour retourner chacun en domaine,
Chantons Noel trestous par bonne estreine.

Or prions tous la Mere & son enfant,
Qu'au pas de mort nul soit languissant,
Nous delivrant de l'infernale peine,
Chantons Noel trestous par bonne estreine.

Autre Noel, Sur le chant : *Mittit ad Virginem*, &c.

CHantons joyeusement,
En nous rejoüissant,
Du Fils de Dieu Toutpuissant,
Du saint eveinement,
Car il s'est fait vrai homme.

Gabriel humblement,
Marie saluä
Par le commandement
Du Pere Toutpuissant,
Dit, *Ave Maria*.

La Vierge se trouble,
Quand l'Ange elle apperceus,

Et mout s'emerveilla,
En soy pour pensa,
Qui étoit tel salut.

  Marie ne craint pas,
Dit l'Ange Gabriel,
Car graces trouveras
Epouse tu seras
Du Roy celestiel.

  Encore te dis plus,
Et te fais à sçavoir,
De par Dieu là sus
Un fils nommé Jesus,
Tu concevras pour vray.

  Ie ne sçay pas comment
Cela pourra venir,
Car j'ay fait un serment
De vivre chastement
Et je le veux tenir.

  Or répond Gabriel,
Dessus toy descendra,
Le saint Esprit du Ciel,
Le fils de Dieu eternel,
Et il t'obombrera.

  La Vierge à ce devis,
Réponse luy a fait,
Chambriere je suis
Du Roy de Paradis,
Son bon plaisir soit fait.

  L'Ange si s'en alla,
Le saint jour de Noel,
Aux Pasteurs annonça
Et leur signifia
L'enfantement nouvel.

Les Pasteurs sont venus
En Bethléem tout droit,
Pour rendre le salut
Au benît Roy Iesus,
Car ainsi le vouloit.

Autre Noel. Sur le chant : *de l'Egilse.*

PUer nobis nascitur
Rectorque Angelorum
In hoc mundo patitur
Dominus dominorum.

In præsepe ponitur
Sub fœno asinorum,
Cognoverunt Dominum,
Christum regem cœlorum.

Tunc Herodes timuit
Maximo cum livore,
Infantes & pueros
Occidit cum dolore.

Qui natus ex Maria
In die hodierna,
Perducat gloria,
Ad gaudia superna.

Angeli lætati sunt
Etiam cum Domino
Cantaverunt gloria,
Et in excelsis Deo,
Gloria & in cœ'o
Virtute lætabundo,
Sine fine termino,
Benedicamus Domino.
Amen.

AUTRE NOEL.

A La venuë de Noel,
Chacun se doit bien réjoüir,
Car c'est un testament nouveau,
Que tout le monde doit tenir.

Quand par son orgueil Lucifer
Dedans l'abîme trébûcha,
Nous allions trestous en Enfer,
Mais le Fils de Dieu nous racheta.

Dedans la Vierge s'en ombra
Et dans son corps voulu gesir,
La nuit de Noel enfanta
Sans peine & sans douleur souffrir.

Incontinent que Dieu fut né
L'Ange l'alla dire aux pasteurs,
Lesquels se sont pris à chanter,
Un chant qui étoit bien gratieux.

Aprés un bien petit de temps,
Trois Rois le vinrent adorer,
Luy apportant Myrrhe & Encens,
Et Or qui estoit fort à loüer.

A Dieu le vinrent presenter,
Et quand ce vint au retourner,
Trois jours & trois nuits sans cesse,
Herodes les fit pourchasser.

Une estoille les conduisoit
Qui venoit devers Orient,
Qui à l'un à l'autre montroit
Le chemin droit en Betheléem.

Nous devons bien certainement
La voye & le chemin tenir,

Car elle nous montre vrayement,
Où Nôtre Dame doit gesir.

    Là vinrent le doux Iesus-Christ,
Et la Vierge qui le porta,
Celuy que tout le monde fit,
Et les pecheurs ressuscita.

    Bien apparu qu'il nous aima,
Quand à la Croix pour nous fut mis,
Nous donne à la fin Paradis,
Dieu le Pere qui tout créa.

    Prions-le tous qu'au dernier jour,
Quand tout le monde doit finir,
Que nous ne puissions aucun de nous,
Nulle peine d'enfer souffrir.

    Amen, Noel, Noel, Noel,
Ie ne me pourrois plus tenir,
Que je ne chante ce Noel,
Quand je voit mon Sauveur venir.

Autre Noel, Sur le chant : *Helas je l'ay per-
due celle que j'aimois tant.*

CHantons je vous prie
  Par exaltation,
En l'honneur de Marie,
Pleine de grand renom.
Pour tout humain lignage,
Ietter hors du peril.
Fut transmis un message,
A la Vierge de prix.

    Nommée fut Marie
Par destination,
De Royalle lignée,

Par generation.

   Or nous dites Marie
Qui fut le Meſſager,
Qui porta la nouvelle
Pour le monde ſauver.

   Ce fut l'Ange Gabriël,
Qui ſans dilation,
Dieu envoya ſur terre
Par grand compaſſion.

   Or nous dites Marie
Que vous dit Gabriël,
quant vous porta la nouvelle
Du vray Dieu Eternel.

   Dieu ſoit en toy Marie
Dist ſans dilation,
Tu és de graces remplie
Et benediction.

   Or nous dites Marie
Où éjez-vous alors,
Quand Gabriel l'Archange
Vous fit un tel record.

   I'étois en Galilée
Plaiſante region,
En ma chambre enfermée
En contemplation.

   Or nous dites Marie
Cet Ange Gabriel,
Ne dit-il autre choſe
En ce ſalut nouvel.

   Tu concevras Marie
Dit-il ſans fixion,
Le fils de Dieu t'affie,
Et ſans corruption.

Or nous dites Marie
En prefence de tous,
A ces douces paroles
que répondiftes-vous.

Comment fe pourroit faire
Qu'en telle nation,
Le fils de Dieu mon Pere,
Prenne incarnation.

Or nous dites Marie
Vous fembla t-il nouvel,
D'oüir telles paroles,
De l'Ange Gabriel.

Ouy, car de ma vie
Ien'eus intention,
D'avoir d'homme lignée,
Ni copulation.

Or nous dites Marie
Que vous dit Gabriel,
Quand vous vit ébahie
De ce falut nouvel.

Marie ne té foucie
C'eft l'ombration,
Du faint-Efprit ma mie,
Et l'operation.

Or nous dites Marie
Crûtes-vous fermement,
Ce que l'Ange vint dire
Sans nul empêchement.

Ouy, difant à l'Ange
Sans autre queftion,
Soit faite & accomplie
Ta nonciation.

Or nous dites Marie

Les neufs mois accomplis,
Nâquit le fruit de vie,
Comme l'Ange avoit dit.
        Ouy sans nulle peine,
Et sans oppreſſion,
Nâquit de tout le monde,
La vray Redemption
        Or nous dites Marie
Le lieu Impérial,
Fut-ce en chambre parée
Ou en Palais Royal.
        En une pauvre eſtable,
Ouverte à l'environ,
Où n'avoit ni feu ni flame,
Ni latte, ni chevron.
        Or nous dites Marie,
Qui vous vint viſiter
Les Bourgeois de la Ville
Vous ont-ils rien donné.
        Oncques homme ni femme
N'en eut compaſſion,
Non plus que d'un eſclave
D'étrange région.
        Or nous dites Marie
Les Laboureurs des champs
Vous ont-ils viſitée,
Et auſſi les Marchands.
        Ie fus abandonnée,
De cette nation,
Et d'eux en la nuitée,
N'eus conſolation.
        Or nous dites Marie
Les pauvres Paſtoureaux,

Qui gardo'ent és montagnes,
Leurs brebis & agneaux.
    Ceux-là m'ont visitée
Par grande affection,
Sçachez que fort m'agrée,
Leur visitation.
    Or nous dites Marie
Les Princes & les Rois,
Vôtre Enfant debonnaire,
Le font-ils venus voir.
    Trois Rois de haut partage,
D'étrange region,
Luy vinrent faire hommage,
En grande oblation.
    Or nous dites Marie
Que devint cet Enfant,
Tantis qu'il fut en vie,
Fut-il homme sçavant.
    Homme de sainte vie,
Et grande devotion,
Etoit je vous affie,
Sans nulle abusion.
    Or nous dites Marie
Puisque l Enfant fut né,
Tant comme fut envie,
Fut-il du monde aimé,
    Ouy, n'endoutez mie,
Fors de la Nation,
Des faux Juifs plein d'envie,
Et de reception.
    Or nous dites Marie,
Les faux Juifs malheureux,
Luy portoient-ils envie,

B

Tandis qu'il fut avec eux.

Telle envie luy porterent,
Et sans occasion,
Que souffrir il luy firent,
Cruelle passion.

Or nous dites Marie
Sans plus en enquerir,
Ces faux Iuifs plein d'envie,
Le firent-ils mourir.

Ouy de mort amere,
Par grande detraction,
En la Croix le cloüerent,
Fut entre deux larrons.

Or nous dites Marie,
En estiez-vous bien loing,
Fûtes-vous là presente,
En vistes-vous la fin.

Ouy là éplorée,
Par grande affection,
Dont souvent chus pâmée
Et non pas sans raison.

Nous vous prions Marie,
De cœur tres-humblement,
Que nous soyons amie
Vers vôtre cher Enfant.

Afin qu'és jours venus,
Que tous jugerez serons,
Puissions être pourvûs,
Là sus avec les bons. Ainsi soit-il.

Autre Noel, Sur le chant : *De la fausse trahison.*

NOel pour l'mour de Marie,
Nous   chanterons joyeusement,

Quand elle porta le fruit de vie,
Ce fut pour nôtre sauvement.

Joseph & Marie s'en allerent,
Un soir bien tard en Bethléem,
Ceux qui tenoient hôtellerie,
Ne les prisoient pas grandement.

S'en allerent parmi la Ville,
Et d'huys en huys logis querant,
A l'heure la Vierge Marie,
Etoit bien prest d'avoir enfant.

S'en allerent chez un riche homme,
Logis demander humblement,
Et on leur répondit en somme,
Avez-vous chevaux largement.

Nous avons un bœuf & un asne
Voyez-les cy presentement,
Vous ne samblez que truandaille,
Vous ne logerez point ceans.

Ils s'en allerent chez un autre,
Logis demande, pour argent,
Et on leur répondit en outre,
Vous ne logerez point ceans.

Joseph si regarda un homme,
Qui l'appelloit méchant paysant,
Où veux-tu mener cette femme
Qui n'a pas plus haut de quinze ans.

Joseph va regarder Marie,
Qui avoit le cœur tres-dolent,
En luy disant ma douce amie,
Ne logerons-nous autrement.

J'ay veu là une vieille estable,
Logerons nous y pour le present,
Alors la Vierge aimable

Eſtoit preſt d'avoir enfant
    A minuit en cette nuitée,
La douce Vierge eut enfant,
Sa robbe n'eſtoit point fourée,
Pour l'enveloper chaudement.

    Elle le mit en une creiche
Sur un peu de foin seulement,
Une pierre deſſus ſa teſte,
Pour repoſer le Tout-Puiſſant.

    Tres-cheres gens ne vous déplaiſe
Si vous vivez ſi p uvrement,
Si fortune vous eſt contraire,
Prenez le tout patiemment.

    En souvenance de la Vierge,
Qui prit ſon logis pauvrement,
En une eſtable découverte,
Qui n'eſtoit point fermée devant.

    Or prions la Vierge Marie,
Que ſon Fils veuille ſupplier
Qu'il nous doient mener telle vie,
Qu'en Paradis puiſſions entrer.

    Si une fois y pouvions être,
Iamais ne nous faudroit plus rien,
Ainſi fut logé nôtre Maiſtre
Le doux Ieſus en Bethléem.

Autre Noel, Sur le chant : *Quand j'eſtois libre.*

L E Createur par une providence,
    Dit à Adam de l'Arbre de ſcience,
Ne prend aucunement,
Car ſi du fruit tu mange, d'aſſeurance,
Tu en mouras, & ceux de ta ſemence,

Treſtous enſemblement.

Mais le ſerpent plein de dol & cantelle
Se douta bien qu'Eve eſtoit moins fidelle,
Luy dit apertement,
Si vous mangez de ce fruit delectable,
Ainſi que Dieu ferez choſe admirable,
Treſtous enſemblement.

Eve qui fut de ſçavoir curieuſe,
Sa main eſtant tres-curieuſe,
Porta au fruit premierement,
Et d'en manger Adam fort importune,
Qui en goûtant nous ſoûmis à fortune,
Treſtous enſemblement.

Et pour ce fait par divine juſtice,
Fut condamné pour punir ſa malice,
A mourir pauvrement,
Et rien luy ſeul : mais ceux de ſa lignée,
Y ſont ſujets par ſentence donnée
Treſtous enſemblement.

Mais nôtre Dieu par ſa miſericorde,
Veut de priſon l'oſter, & s'y accorde,
Remettant purement,
La coulpe, & Adam l'oſte de peine,
Et ſes enfans auſſi choſe certaine
Treſtous enſemblement.

Et que tout ainſi que fut faite la playe,
Dieu nous veut garantir de ſemblable voye
De tout premierement,
Et comme vint à tout la grande ruine,
De gueriſon avons la medecine,
Treſtous enſemblement.

L'Ange malin premier parle à la femme,
L'Ange de Dieu ſaluë Nôtre-Dame.

Et fort reveremment,
Disans, un fils concevras Vierge pure,
Qui des humains nettoyera l'ordure,
Trestous ensemblement.

     Eve déchut par inobedience,
Marie au rebours par obeïssance,
Marie a vrayement,
Son Iesus, Fils é gard à son Pere,
Qui est venu pour nous tirer de la misere,
Trestous ensemblement.

     Eve ne fut à Dieu obeïssante,
Marie cru se disant la servante
Du Seigneur humblement,
Dont tout ainsi que l'une oste la vie,
L'autre produit qui vivifie,
Trestous ensemblement.

     Par son forfait Adam fut par un Ange,
De Paradis chassé en terre estrange,
Et tout soudainement,
Comme étranger Iesus nâquit au monde,
Pour nous tirer d'une terre profonde,
Trestous ensemblement.

     Adam premier au bois commit l'offense,
Mais Iesus Christ fait en la recompense
Au bois pareillement,
Ainsi vaincu au bois est l'adversaire,
Comme vaincu nous a au contraire,
Trestous ensemblement.

     Considerons Chrêtiens je vous suplie,
Comme pour nous nôtre Dieu s'humilie,
Et maniment,
Le supplions qu'aprés cette vie mortelle,
Conduit soyons à la vie éternelle.

Trestous enſemblement. Ainſi ſoit-il.

Autre Noel, Sur le chant : *Si le loup venoit*, &c.

CHantons je vous prie
Noel hautement,
D'une voye jolie
En ſolemniſant
De Marie pucelle
La conception,
Sans originelle
Maculation.

Cette jeune fille,
Native elle eſtoit
De la noble Ville,
De Nazareth,
De vertu remplie,
De corps gratieux,
C'eſt la plus jolie
Qui ſoit ſous les Cieux.

Elle alloit au Temple
Pour Dieu ſupplier,
Le conſeil s'aſſemble,
Pour la marier,
La fille tant belle
N'y veut conſentir,
Car Vierge & pucelle,
Veut vivre & mourir.

L'Ange luy commande
Qu'on faſſe aſſembler.
Gens en une bande,
Tous à marier,
Et duquel la verge,

Tantôt fleurira,
A la noble Vierge
Vray mary sera.

    Tantôt abondance,
De gentils galands,
La Vierge plaisante,
Vont tous souhaitant,
A la noble Fille,
Chacun s'attendoit,
Mais le plus habile,
Sa peine y perdoit.

    Joseph prit sa verge
Pour s'y en venir,
Combien qu'à la Vierge
N'eût mis son desir,
Car toute sa vie
N'eut intention
Vouloir, ni envie
De conjonction.

    Quand ils furent au Temple
Trestous assemblez,
Étant tous ensemble,
En trouppe ordonnée,
La verge plaisante,
De Joseph fleurit,
Et au même instant,
Porta fleur & fruit.

    En grande reverence
Joseph on retint,
Qui par sa main blanche
Cette Vierge prit,
Puis aprés le Prêtre,
Recteur de la Loy,

Leur a fait promettre
A tous deux la foy.

Baiſſant les oreilles,
Ces gentils galands,
Tant que ces merveilles,
S'en vont murmurans,
Diſant, c'eſt dommage
Que ce pere gris
Ait enmariage
La Vierge de prix.

La nuit en ſuivante,
Autour de minuit,
La Vierge plaiſante,
En ſon livre lit,
Que le Roy celeſte,
Prendroit na ion
D'une pucelette
Sans corruption.

Tandis que Marie,
Ainſi contemploit,
Et tout ravie
Envers Dieu eſtoit,
Gabriel l'Archange,
Vint ſubtilement
Entra dans ſa chambre
Tout viſiblement.

D'une voix doucette,
Gratieuſement,
Dit à la fillette,
En la ſaliiant,
Dieu vous garde Marie
Pleine de beauté
Vous êtes l'amie,

De la Déïté.

Dieu fit un myſtere
En vous merveilleux,
C'eſt que ſerez Mere,
Du Roy glorieux,
Vôtre pucelage
Et Virginité,
Par divin ouvrage,
Vous ſera gardé.

A cette parole,
La Vierge conſent,
Le Fils de Dieu volle,
Et en elle deſcend,
Tantôt fut enceinte,
Du Prince des Rois,
Sans peine ny ſans crainte,
Le porta neuf mois.

La noble beſogne,
Ioſeph pas n'entend,
A peur qu'elle n'en gronde,
S'en va murmurant,
Mais l'Ange celeſte
Luy dit en dormant
Qu'il ne s'en déhaitte,
Car Dieu eſt l'Enfant.

Ioſeph & Marie
Tous deux Vierge ſont,
Qui par compagnie,
En Bethléem vont,
Là eſt accouchée,
En pauvre déduit,
La Vierge ſacrée
Autour de minuit.

Elle fut consolée,
Des Anges des Cieux,
Elle fut visitée,
Des Pasteurs joyeux,
Elle fut reverée,
De trois nobles Rois,
Elle fut rejettée,
Des riches Bourgeois.
   Or prions Marie,
Et Jesus son Fils,
Qu'aprés cette vie,
Nous donne Paradis,
Et nôtre voyage,
Estant achevé,
Ayons pour partage,
Le Ciel azuré.   Ainsi soit-il.

Autre Noel, Sur le chant : *Il fait bon aimer*, *&c.*

IL fait bon aimer,
Loyaument servir,
La Vierge Marie
Et Jesus son Fils,
Marie, Marie,
Les gens vont disant,
Que vous êtes grosse,
D'un petit Enfant,
Mais je croy que certes
C'est de Iesus-Christ,
Car tous les Prophetes
L'ont ainsi écrit.
   Il fait bon aimer, &c.
Ha beniste Dame,

Fort heureux sera,
Qui de corps & d'ame
Vous obéira,
Et vous servira,
De bon appetit,
Bien faut qu'on reclame,
Vôtre Enfant petit.
   Il fait bon aimer, &c.
 Vous fûtes heureuse,
Du salut nouvel
Vierge glorieuse,
Que fit Gabriel,
Or chantons Noel,
Tous en grand desir,
O Mere,
Prenez y plaisir.
   Il fait bon aimer, &c.
 A cette naissance,
Vinrent Pastoureaux,
En obéïssance,
Offrir leurs agneaux,
Les trois nobles Rois,
Y vinrent aussi,
Offrir leur chevance
A vôtre mercy.
   Il fait bon aimer, &c.
 Anges & Archanges,
Qui vinrent des Cieux,
Pour rendre loüanges,
Au Roy precieux,
Si tres-gratieux,
Qu'à la mort s'est mis,
Pour les maux étranges

Que nous avons commis.

Il fait bon aimer, &c.

O Vierge tant belle,
Vous avez produit,
(Demeurant pucelle,)
Un tres-noble fruit,
Tout le monde bruit,
Et s'en réjoüit,
Car telle nouvelle
Jamais on oüit.

Il fait bon aimer,
Loyaument servir,
La Vierge Marie,
Et Iesus son Fils.

AUTRE NOEL.

JOseph est bien marié,   bis.
A la Fille de Iessé,   bis.
S'étoit chose bien nouvelle,
D'être Mere & pucelle,
Dieu y avoit operé,
Ioseph est bien marié.

Et quand ce vint au premier, bis.
Que Dieu nous voulut sauver, bis.
Il fit en terre descendre,
Son seul Fils Iesus pour prendre,
En Marie humanité,
Ioseph est bien marié.

Quand Ioseph eut apperceu, bis.
Que la femme avoit conceu, bis.
Il ne s'en contenta mie,
Faché fut contre Marie,

Et s'en voulut en aller,
Ioseph est bien marié.

   Mais l'Ange si luy a dit,   bis.
Ioseph n'en aye dépit,   bis.
Ta sainte femme Marie,
Est grosse du fruit de vie,
Elle a conceu sans peché,
Ioseph est bien marié.

   Change donc ton pensement, bis
Et approche hardiment,   bis.
Car par sa toute puissance,
Tu és durant son enfance,
A le servir dedié,
Ioseph est b en marié.

   A Noel en droit minuit,   bis.
Elle enfanta Iesus-Christ,   bis.
Sans peine & sans tourment,
Ioseph se soucie grandement,
Du cas qui est arrivé,
Ioseph est bien marié.

   Les Anges y sont venus,   bis.
Voir le Redempteur Iesus,   bis.
De tres-belle compagnie,
Puis à haute voye jolie,
Gloria ils ont chanté,
Ioseph est bien marié.

   Les Pasteurs ont entendu,   bis.
Que le Sauveur est venu,   bis.
Ont laissé leurs berbiettes,
En chantant de leurs musettes,
Disant que tout est sauvé,
Ioseph est bien marié.

   Les trois Rois pareillement,   bis.

Ont porté leurs prefens,   bis.
Or, Encens, auffi Myrrhe,
Ont donné au Fils de Marie,
De luy feroit grande clarté,
Iofeph eft bien marié.

    Or prions devotement,   bis.
De bon cœur tres humblement,   bis.
Que paix, joye, & bonne vie,
Impetre Dame Marie,
A nôtre neceffité,
Iofeph eft bien marié.

Autre Noel, Sur le chant : *Une jeune Fillatte dormoit, &c.*

UNne jeune Pucelle de noble cœur,
    Priant en fa chambrette fon Créateur,
L'Ange du Ciel defcendit fur la terre,
Iy conta le Myftere,
De nôtre Salvateur.
    La Pucelle ébahie de cette voix,
Elle fe prit à dire pour certe fois,
Comment pourra s'accomplir telle affaire,
Car jamais n'eus affaire,
De nul homme qui foit.
    Ne te foucie Marie aucunement,
Celuy qui feigneurie au Firmament,
Son faint Efprit te fera apparoiftre,
Dont tu pourras connoiftre,
Toft cet Enfantement.
    Sans douleur, ni fans peine & fans tourment,
Neuf mois feras enceinte de cet Enfant,
Et quand viendra à le pofer fur terre,

Jesus faut qu'on l'appelle,
Roy sur tout triomphant.
Lors fut tant consolée de ses beaux dits
Qu'elle s'estimoit estre en Paradis,
Se soûmettant du tout à luy complaire,
Disant voilà l'ancelle,
Du Sauveur Iesus-Christ.
Mon ame magnifie, Dieu mon Sauveur,
Mon esprit magnifie son Créateur,
Car il a eu égard à son ancelle,
Que terre universelle,
Luy soit gloire & honneur.

Autre Noel , Sur le chant : *O Hermité*
Saint Hermite, &c.

SAint Prophete, Saint Prophete,
Le deüil nous est deffendu,
Car les choses sont parfaites,
Qu'avez long-tems attendu,
Pour paix acquerre,
Iesus-Christ est descendu,
Au tems dû,
Du Ciel attendu.
L'Ecriture est accomplie,
De tout le vieil Testament,
La Vierge de Iessé fleurie,
Nous a donné sauvement,
Car de Marie,
A minuit est né l'Enfant
Triomphant,
Qui nous rend la vie.
C'est mille ans & davantage,

Natur

Nature à maint mal souffert ,
Mais pour l'oster hors de servage,
Dieu nous a son Corps offert ;
Par sa clemence ,
Or est détruit Lucifer ,
Et l'Enfer ,
A sa naissance ,
  D'une Vierge pure & nette ;
Est né le grand Roy des Cieux ;
Dedans une maisonnette ,
Découverte en plusieurs lieux ;
Saus feu ni flambe ,
Et n'avoit habits pretieux ,
Qu'un linceuil ,
Et pauvre lange.
  Les Pasteurs de Iudée ,
Ont sçeu cet avenement ,
Sont venus voir l'accouchée ;
Dans la Creiche pauvremen ;
Dolente & vaine ,
L'Asne & le Bœuf prés l'Enfant ;
Echauffant ,
De leur haleine.
  Guillemin se montra sage ,
Car il osta son chapeau ,
Et dit maint menu suffrage ,
Adorant le Roy nouveau ,
Iob ne fut chiche ,
A L'Enfant donne un agneau ,
Gras & beau ,
Et une miche.
  Trois Rois d'étrange Contrée ,
Que l'estoille conduisoit ,

Ont fait gratieuſe entrée,
Où le nouveau Roy giſſoit,
En grande ſouffrance,
Et prioit,
Par reverence.

   Prions tous la digne mere,
Et ſon Enfant gracieux,
Qu'en nous le peché n'opere,
Mais ſoyons victorieux,
Sur toute offenſe,
Et que nous puiſſions avoir lieu.
Es Cieux,
Par penitence.
   Ainſi ſoit-il.

AVTRE NOEL

N Oel nouvelet, Noel chantons icy,
  Devotes gens rendons à Dieu mercy,
Chantons Noel pour le Roy nouvelet,
Noël nouvelet, Noël chantons icy.

   Quand m'éveillay, & j'eus aſſez dormi,
Ouvri mes yeux, vis un arbre fleuri,
Dont il ſortoit un bouton merveilloit,
Noël nouvelet, Noël chantons icy.

   Quand je le vis, mon cœur fut re oüi,
Car grande beauté réplandiſſoit en luy,
Comme un Soleil qui luit au matinet,
Noël nouvelet, Noël chantons icy.

   D'un oyſelet aprés le chant ouy,
Qui aux Paſteurs diſoit partez d'icy.
En Bethléem trouverez l'agnelet,

Noel nouvelet, Noel chantons icy.

En Bethléem Marie & Joseph vit,
L'Enfant couché, & le bœuf prés de luy,
La Creiche estoit au lieu d'un bercelet,
Noel nouvelet, Noel chantons icy.

L'Estoille vint qui la nuit éclairoit,
Qui d'Orient trois Rois estoient partis,
Et Bethléem les tro s Rois amenoit,
Noel nouvelet, Noel chantons icy.

L'un portoit l'Or, & l'autre le Myrrhe aussi,
Et l'autre Encens qui faisoit bon sentir,
Portant Tourtelettes dedans un panneret,
Noel nouvelet, Noel chantons icy.

Quarante jours de Nourrice attendit,
Entre les bras de Simeon le rendit,
Portant Tourterelles dedans un panneret,
Noel nouvelet, Noel chantons icy.

Quand Simeon le vit fit un haut cry,
Voici mon Dieu, mon Sauveur Iesus-Christ,
Voici qui joye au peuple met,
Noel nouvelet, Noel chantons icy.

En trente jours fut Noel accompli,
Par dix versets sera mon chant fini,
Par chacun jour j'en ay fait un couplet,
Noel nouvelet, Noel chantons icy.

Hutre Noel. Sur le chant : *De l'Oubliette.*

DEstoupez trestous nos oreilles,
Vous entendrez conter merveilles,
Du Sauveur la Nativité,
A ce saint jour faisons la veille,
Ne dormons plus qu'on fereveilla,

Ioyeusement chantons Noel.

Dieu de son souverain Empire,
Pour nous oster hors du martyre,
Il a transmis son Messager,
Gabriel porta nouvelle,
A une Dame gente & belle,
Que Marie faut appeller.

Le saluë, *Ave Maria*,
Dont se trouva fort ébahie,
De se voir ainsi saluer,
L'Ange luy dit, ha chere amie,
Ne t'ébahis Marie,
Tu recevras Emanüel.

Gabriel comment se peut faire,
D'homme ne veut avoir affaire,
Car j'ay voüé virginité,
Le saint Esprit descendra,
En toy, & t'ombrera,
La vertu du tres-haut Seigneur.

Elle a répondu à ces dits,
Me soit fait ainsi que tu le dis,
Sa Chambriere suis vrayement,
A cette parole conceut,
Et dedans son ventre receut,
Le Fils de Dieu tout-puissant.

Neuf mois tout entiers le porta,
Puis aprés elle l'enfanta,
Dedans Bethléem la Cité,
Ioseph ne peut logis trouver,
Où il se puisse héberger,
Dont il fut au cœur marry.

Marie d'accoucher estoit prest,
En une Estable s'en vont mettre,

Où le doux Iesus fut né.

Le doux Iesus voulut naistre,
C'est pour nous donner à conroistre
Que vivions en humili é.

L'Ange alla dire aux Pastoureaux,
Qui la nuit veilloient leurs agneaux
Que le Messie estoit né.

Ils vinrent là un grand troupeau,
Pour voir le doux enfant nouveau,
Entre l'asne & le bœuf couché.

Iocob luy donna son manteau,
Et Alory son grand chapeau,
Roger luy donna de son pain.

Et Alyson quand je m'avise
Si luy donna une chemise,
Et du lait boüilly un pot plein.

Et prenant congé de Marie
Sont allez vers la bergerie,
Pour garder leurs brebis aux champs.

Une Estoille clair & luisante,
Trois Rois d'Orient condui sante
Les fit venir jusques au lieu,

Si voulez sçavoir leurs noms
A Ioseph le demanderons,
Et puis aprés vous le dirons.

O Noel, Noel.

L'un Barthazard se fait nommer,
Gaspard second, Melchior tiers,
Princes de grande authorité.

En Ierusalem sont venus,
Croyant trouver le doux Iesus,
A Herode l'ont demandé,
Lequel leur a répondu,

Que ce cas luy eſt inconnu,
Dont fort ébahi s'eſt trouvé.

 Les envoyant en Bethléem,
En diſant en queſtez-vous en,
Et puis je l'iray adorer.

 En Bethléem ſont venus,
Et ont trouvé le Roy Ieſus,
En un pauvre Palais logé.

 Trouverent la Vierge Marie,
Et ſon doux Fils qu'elle cherit,
De ſes mammelles l'allaitoit.

 Gaſpard d'Or offrit une coupe,
Melchior Myrrhe quoy qu'il coûte,
Balthazard preſenta Encens.

 A deux genoux ſe proſternerent,
Et humblement ſi l'adorerent,
Puis s'en allerent répoſer.

 Et puis aprés que leur repos fut pris,
Par Tharſe leur chemin ont pris,
En leur païs ſont retcurnez.

 Quand Simeon tint le doux Fils,
A donc il dit *Nunc dimittis*,
Allez en paix tout doucement.

 Car prophetiſé il avoit,
Qui point mourir il ne devoit,
Tant qu'il euſt veu le doux Enfant.

 Or prions Dieu le Roy de gloire
Que de nous il ait memoire,
Prenant nos prieres & dits.

 Qu'aprés ce monde tranſitoire,
Nous joüiſſions tous de ſa gloire,
En ſon éternel Paradis.

  O Noel, Noel.

Autre Noel, Sur le chant : *Quand ce beau Prin-*
tems je vois, j'appercois, &c.

VOici le jour solemnel,
  De Noel,
Qu'il faut qu'un chacun s'apreste
Pour en Cantiques & Chansons
  A hauts sons,
Celebrer la sainte Feste.

  Le Fils de Dieu estant né,
Destiné,
Pour sauver l'humain lignage,
Tois Rois sont partis de loing,
  Avec soin,
Pour luy venir faire hommage.

  Ils partirent d'Orient,
En riant,
Avec leur compagnie,
Le sont venus adorer,
  Reverer,
Demenans joyeuse vie.

  L'Estoille les a conduits,
Iours & nuits,
Iusqu'au païs de Iudée,
Où estans tous parvenus,
  Et venus,
La Ville ils ont demandée.

  L'Astre qui les conduisoit,
Et guidoit,
S'évanoüi de leur vûe,
Dont ils furent bien troublez,
  Estonnez,

De l'avoir si-tost perduë.
    Donc en pensant estre au lieu,
Là où Dieu,
Devoit prendre sa naissance,
Ils se sont par tout enquis,
Et requis,
Leurs en donner connoissance,
    Dites nous mes bons Seigneurs,
Les Docteurs,
N'est-ce pas en cette Ville,
Où est né des Iuifs le grand Roy,
Sans arroy,
D'une Pucelle gentille.
    Long-tems qu'avons connu,
Et preveu,
Son estoille en nôtre terre,
Qui nous a toûjours guidez,
Et menez,
Iusqu'en ce lieu sans enquerre.
    Herodes ayant ouy ce bruit,
Il s'enfuit,
Droit jusqu'en la Synagogue
Des Iuifs, en leur demandant,
Où l'Enfant,
Estoit né selon leur Code.
    Lors les Docteurs luy ont dit,
Et predit,
Que selon la Prophetie,
Bethléem estoit le lieu,
Où ce Dieu,
Viendroit nous rendre la vie.
Le Tyran oyant cecy,
Dit ainsi,

Aux Rois par ruse & cautelle,
Allez & le lieu trouvez,
Si pouvez,
Puis m'en apportez nouvelle.

Estant revenus vers moy,
Sans émoy,
Avec vous j'iray sans feinte,
Adorer ce Roy nouveau,
Au berceau,
Sans nulle force ou contrainte.

Mais le traistre mal-heureux,
Envieux,
Avoit bien autre pensée,
Comme il montra exprés,
Tost aprés,
Aux enfans de la contrée.

Les trois Rois étant partis
Et sortis,
De Ierusalem la belle,
S'éjoüirent ensemblement,
Grandement,
Appercevant leur estoille,

Elle ne le laissa plus
Au surplus,
Qu'ils ne fussent en l'estable,
En Bethléem où l'enfant,
Triomphant,
Tenoit son pauvre habitacle.

Nonobstant ne laissant pas
De ce pas,
Luy faire la reverence,
Adorans tous d'un accord
Sans discord,

Comme portoit leur puissance.
Ils ont offert leurs presens,
De l'encens,
Myrrhe, Or, & bonne monnoye,
Puis par l'Ange détournez,
Retournez,
S'en vont par une autre voye.

Autre Noel, Sur le chant : *Nous nous mismes*
à jouer, & il nous vint mal à point.

LEs Bourgeois de Châtres
Et de Mont le heri,
Menez toute grande joye
Cette journée ici,
Qui nâquit Iesus-Christ
De la Vierge Marie,
Où le bœuf & lânon don don,
Entre lesquels coucha la la
En une Bergerie.
Les Anges ont chanté
Une belle chanson,
Aux pasteurs & Bergers,
De cette region,
Qui gardoient leurs moutons
Paissant la bergerie,
Disant que le mignon don don,
Estoit né prés de là, la la,
Iesus le fruit de vie.
Laisserent leurs troupeaux,
Paissant parmi les champs,
Prinrent leurs chalumeaux,

Luy donnant des joyaux si beaux,
Vinrent dançant chantant,
Et droit à saint Clement
Menant joyeuse vie,
Pour visiter l'enfant si grand,
Iesus les remercie.

Puis ceux de saint Germain
Tous en procession,
Partirent bien matin,
Pour trouver l'enfançon,
Puis ouyrent le son
Et la douce harmonie,
Que faisoient les pasteurs joyeux
Lesquels n'étoient pas las, la la
De mener bonne vie.

Les Farceurs de Bruieres
N'étoient pas endormis,
Sortirent de leurs tanieres
Quasi tous étourdis,
Les réveurs de Boissy,
Passerent la chaussée,
Cuidant avoir ouy le bruit,
Et aussi les debats la la
D'une tres-grosse armée.

Puis eussiez veu venir
Tous ceux de saint Yon,
Et ceux de Bretigni
Apportant du poisson,
Les barbeaux & gardons
Anguilles & carpettes,
Estoient à bon marché croyez,
A cette journée là, la la,
Et aussi les perchettes.

Lors ceux de saint Clement,
Firent bien leur devoir
De faire asseoir les gens
Qui venoient voir le Roy,
Ioseph les remercie,
et aussi fait la Mere,
Les eussiez veu dancer, chanter,
et mener grand soulas, la la,
en faisant tous grande chere.

 Bas de Hymnet a joué
De son beau tabourin,
Car il estoit loüé
A ceux de saint Germain,
La grand bouteille au vin
Ne fut pas oubliée,
Ratissant du rebec joüoit,
Car avec eux alla, la la,
Cette digne journée.

 Lors un nommé Corbon,
Faisoit du bon broüet,
A la soupe à l'oignon,
Cependant qu'on dançoit
Lapins & perdreaux,
Alloüettes roties,
Canards & cormorans frians
Gilet badaut porta, la la,
A Ioseph & Marie.

 Avec eux estoit
Un du païs d'Amont,
Qui du Luth raisonnoit,
De tres belles chansons,
De Chartres les mignons
Menoient grand de rusterie

Les Escheviusmenoient portoient,
Trompettes & clairons don don,
En belle compagnie.

Messire Iean Guyot,
Le Vicaire de l'eglise,
Apporta plein un pot,
Du vin de son logis,
Messieurs les escoliers
Toute icelle nuitée,
Se sont pris à chanter, danser,
Un re mi fa sol la, la la
A gorge déployée.

Puis il en vint trois autres ;
Lesquels n'étoient pas las,
Qui dedans une chausse
Firent de l'hypocras,
Et Iesus estoit-là
Qui les regardoit faire,
Le morveux les passa cou'a
Et dressant en tasta, la la,
Ioseph en voulut boire.

Se sont pris à dancer,
De si bonne façon,
Et puis en ont fait boire
Au gentil Ratisson,
Lequel il trouva bon,
Comme il nous fit accroire,
Puis demanda pardon tres bon,
Et si remercia, la la,
Iesus aussi sa mere.

Nous prions tous Marie
Et Iesus son cher Fils,
qu'ils nous donnent leur gloire,

Là sus en Paradis,
Aprés qu'auront vêcu
En ce mortel repaire
Qu'il nous vueille garder d'aller,
Tous en Enfer la bas, la la,
En tourment & misere,

Autre Noel, Sur le chant : *O nuit joyeuse*
nuit, &c.

O Nuit heureuse nuit des Chrétiens honorée,
qui réjoüit le Ciel de nouvelle clarté,
Pour nous faire apparoir cette tant desirée,
Naissant du Sauveur en nôtre humanité.

Les Anges sont venus durant cette nuitée,
Aux Pasteurs qui gardoient leurs brebis & agneaux
Et la Nativité leur ont manifestée
Chantans & paroissans comme de clairs flambeaux.

Et leur disoient ainsi, laissez cette prairie,
et vous allez voir le Sauveur qui est né,
Cy prés en Bethléem, où Iesus & Marie,
Trouvez avec luy comme il est ordonné.

Les Pasteurs étonnez d'oüir cette nouvelle,
Ont laissé leurs brebis aux champs pour pâturer,
Et s'en sont allez voir cette rare merveille,
Comme l'Ange avoit dit sans beaucoup demeurer.

Ils ont trouvé l'Enfant en l'Estable rompue,
Entre l'âne & le bœuf couché bien pauvrement,
Et chacun d'eux alors ayant la teste nue,
L'a reveré selon son pauvre entendement.

Marie voyant endurer tant de peine,
Pleuroit ne le pouvant traitter comme un Seigneur,
Et les deux animaux poussant de leur haleine,

En l'échauffant luy ont même porté honneür ;
Et puis aprés survint trois Rois de terre étrange,
Du costé d'Orient venus pour l'adorer,
Qui tous trois pour luy rendre honneur, gloire &
 louange ;
Ce sont mis à genoux pour leurs dons presenter.
 L'un luy donna de l'Or, & l'autre de Myrrhe,
Et le tiers luy offrit plein un vase d'Encens.
Chacun le reconnu pour son Roy, Maistre & Sire ;
Puis s'en sont retournez ayant fait leurs presens.
 Estant divinement avertis la nuitée,
De ne point retourner à Herodes parler,
Leur chemin ont repris par une autre contrée,
Rendant louange à Dieu de voir tout bien aller.

Autre Noel, Sur l'air : *Va t'en voir s'ils viennent*, &c

Annette, Toinon, Floran,
 Veulent qu'on les menent,
Et je croy que Clidamant
Suivra Lisimine,
Va-t'en voir s'ils viennent,   bis
S'ils ne viennent revien-t'en
Nous partiron à l'instant,
Va-t'en voir s'ils viennent.
   Un Berger
 Ils viendront dans un moment,
N'en soit poin en peine,
Et porteront à l'enfant
Deux bêtes à laine,
Les voicy qui viennent,   bis
Puis que chacun est contant,
Nous partirons à l'instant,
Les voicy qui viennent.   bis

EStant le doux Iesus-Christ,
Né dédans une estable,
Ainsi qu'il avoit predit,
Par un divin miracle,
Les Anges en sont réjouis,
Les diables en sont ébahis,
Je ne voudrois pas pour un bouquet,
Que ce mystere n'eust esté fait.

Le mystere estoit caché
A l'esprit inique,
Qui estoit bien empêché,
D'en sçavoir la pratique,
Comme il estoit advenu,
qu'une pucelle eust conçû,
Je ne voudrois pas pour un bouquet,
Que ce mystere n'eust esté fait.

Estant ainsi éperdus,
La même nuitée,
Les Anges ont descendûs,
En grande assemblée
Pour accompagner l'Enfant,
Fils du grand Dieu Tout-puissant,
Je ne voudrois pas pour un bouquet,
que ce mystere n'eust esté fait.

Autres vont aux pastoureaux,
Veillans és montagnes,
Dessus leurs parcs & troupeaux,
Paissans les campagnes,
Leur disant en chant rassis,

Gloria

Gloria in excelsis,
Je ne voudrois pas pour un bouquet,
Que ce myſtere n'euſt eſté fait.

   Réjouiſſez-vous Paſteurs,
De cette contrée,
Et vous tenez aſſeurez,
Q'en cette nuitée,
Vous eſt né vôtre Sauveur,
D'une Vierge par honneur,
Je ne voudrois pas pour un bouquet,
Que ce myſtere n'euſt eſté fait.

   Les paſteurs ſe ſont étonnez,
Voyant la lumiere,
Luiſante de tous coſtez,
Devant & derriere,
Méme de ce qu'on avoit dit,
Cet Ange ſans contredit,
Je ne voudrois pas pour un bouquet,
Que ce myſtere n'euſt eſté fait.

   N'ayez peur mes bons amis,
Dit l'Ange celeſte,
Car vers vous je ſuis tranſmis,
Choſe manifeſte,
De la part du tres-haut Dieu,
Pour vous annoncer le lieu
Je ne voudrois pas pour un bouquet,
Que ce myſtere n'euſt eſté fait.

   Allez tous diligemment,
Troupes paſtorale,
D'icy qu'en Bethléem,
Où en une eſtable
Trouverez l'enfant couché,
Sur un peu de foin ſeiché,

D

Je ne voudrois pas pour un bouquet,
Que ce myſtere n'euſt eſté fait.

Il eſt là bien pauvrement,
Couché dans la creiche,
Sans feu, ni bois, ni ſerment,
Qui l'échauffe ou ſeiche.
Sinon que deux animaux
Qui l'accompagnent en ſes maux,
Je ne voudrois pas pour un bouquet,
Que ce myſtere n'euſt eſté fait.

L'Ange ayant dit ce propos,
L'armée Angelique,
Joyeux, gaillard & diſpos,
Chantons un beau Cantique,
Annonçant paix aux humains,
Qui ſeroient doux & benins,
Je ne voudrois pas pour un bouquet,
Que ce myſtere n'euſt eſté fait.

Les Anges étant diſparus
La troupe s'aſſemble,
Eſtant les paſteurs reſolus
De partir enſemble,
Et aller ſans contredit,
Là parce que l'Ange avoit dit,
Je ne voudrois pas pour un bouquet,
Que ce myſtere n'euſt eſté fait.

Prions le Roy Eternel,
D'une Oraiſon ſainte,
Qu'à ce ſaint jour de Noel,
Soyons hors de crainte,
De nos ennemis,
Et que ſoyons tous unis,
Je ne voudrois pas pour un bouquet,

Que ce mystere n'eust esté fait.

Autre Noel, Sur le chant : *O la folle entreprise.*

CHantons je vous prie,
Noel joyeusement,
Pour l'honneur de Marie,
Qui a divinement,
De grace esté remplie,
Pour porter dignement,
Iesus à qui l'on plie
Le genoüille humblement.
  Sur les autres choisie,
Elle fut noblement,
Et de mal garantie
Dés son commencement,
Pour du serpent l'envie,
Briser totalement,
Et pour l'autheur de vie
Concevoir purement.
  Elle en fut avertie,
De Dieu premierement,
L'Ange le certifie,
Disant honnestement,
La Mere du Messie,
Serez certainement,
De ce n'en doutez mie,
Croyez-le fermement.
  Lors en grande courtoisie
Donnant consentement,
Du Fils de Dieu saisie,
Elle fut promptement,
Qui pour nous s'humilie,

D ij

Jusques-là mêmement,
Que pour nôtre folie,
Prit nôtre vestement.

La neuvaine accomplie,
Ce mois entierement,
Nôtre Vierge Marie,
fait son accouchement,
Dedans une Escurie,
Sur du foin seulement,
Sans sentir maladie,
Douleur ny détrimens.

Bergers de la prairie,
Gardant soigneusement,
De nuit leur bergerie,
Ouïrent clairement,
D'Ange la melodie,
Avec l'annoncement,
D'une paix que l'on crie,
Pour cet Enfantement.

Aprés la voye ouye,
Partent soudainement,
En bonne compagnie,
Tant que finalement,
Ils trouverent Marie,
Iesus semblablement,
Que chacun remercie,
Pour son avenement.

Soyons de la partie,
Et prions saintement,
La tres-douce Marie,
Qu'affectueusement
Iesus elle supplie,
Pour nôtre amandement,

Et aprés cette vie,
Pour nôtre sauvement.   Amen.

Autre Noel, Sur le chant : *A la venuë de Noel, &c.*

VOicy le Redempteur qui vient,
  Pour sauver les grands & petits,
Le liberateur des Gentils,
qui Terre, Ciel & Mer soûtient.
  Il nous faut tous préparer
Pour humblement le recevoir,
Et nous mettre en nôtre devoir,
De nos vices & mœurs reparer
  Tenons nôtre logis tout prest,
Pour recevoir ce grand Seigneur
Qui prend forme de serviteur,
Pour nous deliver sans arrest.
  Son fourrier est venu devant,
Pour faire accoustrer le chemin,
A ce Roy paisible & humain,
Qui vient se rendre obeissant.
  C'est saint Jean neud & découvert,
Qui crie à tous en ce desert,
Preparez la voye au Seigneur,
Qui vient pour estre enseigneur.
  Convertissez-vous tous à luy,
Qui est des humains seul appuy,
Autrement soyez asseurez,
Que vous mourrez en vos pechez.
  Si vous vous tenez endormis,
Comme avez fait les jours passez,
Vous serez par luy delaissez,
En la main de vos ennemis.

Faites donc penitence tous
Si ne voulez estre damnez,
Et par le Sauveur condamnez,
Qui bien-toft verrez entre vous.

Loüange, gloire & tout honneur,
Soit à Dieu nôtre Createur.
A son Fils & au faint Efprit,
Qui toûjours fans fin regne & vit.

Autre Noel, Sur le chant : *Où eft il mon bel amy*
allé, reviendra il encore.

OU s'en vont ces gays Bergers,
Enfemble cofte à cofte,
Nous allons voir Iefus-Chrift
Né dedans une grotte,
Où eft-il le petit nouveau né,
Le verrons-nous encore.

Nous allons voir Iefus-Chrift
Né dedans une grotte,
Pour venir avec nous,
Magot fe décrotte,
Où eft il le petit nouveau né,
Le verrons nous encore.

Pour venir avec nous,
Magot fe décrotte,
Auffi fait la belle Alix,
Qui a trouffé fa cotte,
Où eft-il le petit nouveau né,
Le verrons-nous encore.

Auffi fait la belle Alix,
Qui a trouffé fa cotte,
De peur du mauvais chimin

Craignant qu'on ne la crotte,
Où est-il le petit nouveau né,
Le verrons-nous encore.

De peur du mauvais chemin,
Craignant qu'on ne la crotte,
Ianneton ni veut venir
Elle fait de la sotte,
Où est-il le petit nouveau né,
Le verrons-nous encore

Ianneton n'y veut venir,
Elle fait de la sotte,
Disant qu'elle a mal au pied,
Et veut qu'on la porte,
Où est-il le petit nouveau né,
Le verrons-nous encore.

Disant qu'elle a mal au pied,
Et veut que l'on la porte,
Robin en ayant pitié,
A appresté sa hotte,
Où est-il le petit nouveau né,
Le verrons-nous encore.

Robin en ayant pitié,
A appresté sa hotte,
Ianneton n'y veut entrer,
Voyant bien qu'on se mocque.
Où est-il le petit nouveau né,
Le verrons-nous encore.

Ianneton n'y veut entrer,
Voyant bien qu'on se mocque,
Aime mieux aller à pied,
Que de courir la poste,
Où est-il le petit nouveau né,
Le verrons-nous encore.

Ayme mieux aller à pied
Que de courir la poste,
Tant ont fait les bons berges
Qu'ils ont veu cette grotte,
Où est-il ce petit nouveau né,
Le verrons-nous encore.

Tant ont fait les bons bergers,
Qu'ils ont veu cette grotte
En l'Estable où n'y avoit,
Ni fenestre ni porte,
Où est-il le petit nouveau né,
Le verrons-nous encore.

En l'Estable où n'y avoit
Ni fenestre ni porte,
Ils sont tous entrez dedans
D'une ame tres-devote,
Où est-il le petit nouveau né,
Le verrons-nous encore.

Ils sont tous entrez dedans,
D'une ame tres devote,
Là ils ont veu le Sauveur
Dessus la chenevotte,
Où est-il le petit nouveau né,
Le verrons-nous encore

Là ils ont veu le Sauveur,
Dessus la chenevotte,
Marie auprés pleurant,
Joseph la reconforte,
Où est-il le petit nouveau né,
Le verrons-nous encore.

Marie est auprés pleurant,
Joseph la reconforte,
L'âne & le bœuf aspirant,

Chacun d'eux le rechauffe,
Où est-il le petit nouveau né,
Le verrons-nous encore.

L'âne & le bœuf aspirans,
Chacun d'eux le rechauffe,
Contre le vent froid cuisant,
Lequel souffle de coste,
Où est-il le petit nouveau né,
Le verrons-nous encore.

Contre le vent froid & cuisant,
Lequel souffle de coste,
Les Pasteurs s'agenoüillans,
Un chacun d'eux l'adore,
Où est-il le petit nouveau né,
Le verrons-nous encore.

Les Pasteurs s'agenoüillans,
Un chacun d'eux l'adore,
Puis s'en vont riant, dançant,
La courante & la volte,
Où est-il le petit nouveau né,
Le verrons-nous encore.

Puis s'en vont riant, dançant,
La courante & la volte,
Prions le doux Iesus-Christ,
Qu'enfin il nous conforte,
Où est-il le petit nouveau né,
Le verrons-nous encore.

Prions le doux Iesus-Christ,
Qu'enfin il nous conforte,
Et nôtre ame au dernier jour,
Dans les Cieux il transporte,
Où est-il le petit nouveau né,
Le verrons-nous encore.

AUTRE NOEL.

GRace soit renduë,
A Dieu de là sus,
De la bien venue,
De son Fils Iesus,
Qui nâquit de Vierge,
Sans corruption :
Pour nôtre décharge,
Souffrir passion,
Alleluy , Alleluya ;
Kyrie , Christe,
Kyrie eleison.

Adam nôtre pere,
Nous mit en danger,
De la pomme chere,
Qu'il voulut manger,
Il nous mit envoye
De damnation,
Mais Dieu nous envoye,
A salutation ,
Alleluïa , Alleluïa ,
Kyrie , Christe ,
Kyrie eleison.

Dieu donne bonne vie,
A nôtre bon Roy,
Le garde d'envie,
Et mortel desroy,
Lui donne victoire,
De ses ennemis ,
A la fin la gloire
De son Paradis.

Alleluïa , Alleluïa ,
Kirie , Chrifte ,
Kirie eleïfon.
  Lui eftant fidelles ,
Nous confervera ,
Et toutes querelles
Il appaifera ,
Rendant la juftice ,
Aux petits & grands ,
Puniffant le vice ,
Nous rendant contens ,
Alleluia , alleluia ,
Kirie , Chrifte ,
Kirie eleïfon.
  Nous ferons prieres ,
Generalement ,
Pour pere & pour mere ,
Freres , fœurs & parens ,
Pour toutes les ames ,
Qui font en prifon ,
Que Dieu par fa grace ,
Leur fafle pardon ,
Alleluia , alleluia ,
Kirie , Chrifte ,
Kirie eleïfon.
  Grace auffi faut rendre ,
Au Sauveur Iefus ,
Qui de la viande
Nous a tous repus ,
Pain , vin & fruitage ,
Et bon feu auffi ,
Pour lui rendre hommage ,
Et ons lui merci ,

Alleluya, Alleluya,
Kyrie, Chrifte,
Kyrie eleyfon.

    Voifins & voifines,
Bien venus foyez,
Pour chacun chopine,
Ne vous en fuyez,
Car fuivant les traces
De nos peres vieux,
Faux boire aprés graces
Pour eftre joyeux,
Alleluya, Alleluya,
Kyrie, Chrifte,
Kyrie eleyfon.

    Avant que fortir
De cette maifon,
Vous veux avertir,
Qu'avec raifon,
Chacun verfe à boire,
Encore une fois,
Puis que l'on s'en voife,
Et à Dieu foyez,
Alleluya, Alleluya,
Kyrie, Chrifte,
Kyrie eleyfon,

Noel nouveau de la converfion de la Magdelaine.
   Sur le chant : Magdelon je t'aime bien, &c.

VVus qui defirez fans fin,
   Ouïr chanter,
Que nôtre Dieu eft enclin,
A écouter,

Nôtre priere & complainte,
Tous les jours,
quand nous invoquons sans feinte,
Son secours.

Et comme il est toûjours prest
De pardonner,
Non pas d'un severe arrest
Nous condamner,
Nôtre mal & nôtre peine,
Relâchant,
Oyez de la Magdeleine
Le beau chant.

Magdeleine se levoit,
Estant au jour,
Et bravement se paroit,
D'un bel atour,
quand Marthe moins curieuse
Des habits,
La vint aborder joyeuse,
Par ces dits.

Dieu soit nôtre Protecteur,
Ma chere sœur,
Si vous voulez en ce tems,
Pour passe-tems,
Voir quelque chose de rare,
Et de beau,
Oyez ce qui se prepare
De nouveau.

Un prophete est arrivé,
Bien approuvé,
Dit Iesus de Nazareth,
Homme discret,
qui devoit faire à l'instant,

(Ce dit-on,)
D'une divine éloquence,
Le sermon.

C'est l'homme le plus parfait
Et en effet,
Le plus beau, le plus sçavant,
Le mieux disant,
Que jamais vistes en face,
Pour certain,
Son port avec telle grace,
Est humain.

Magdelon oyant ceci,
Prend ses habits,
De beau velours cramoisi,
Les plus jolis,
De sa blonde chevelure
Tout en rond,
Faisant mille tortillures
Sur son front.

Ainsi parée d'habits,
Beaux & jolis,
S'en va nôtre Magdelon
A ce Sermon,
Qui ne faut à prendre place,
Prê sa sœur,
Droit vis-à-vis de la face
Du Sauveur.

Aussi-tost qu'elle entendit,
Cet Orateur,
Boüillonner elle sentit,
Le sang au cœur,
Puis une couleur vermeille,
A loisir,

Cette face blanche & belle,
Vint saisir.
   Bref sa voix tant excita,
De saints desirs,
Que dés l'heure elle quitta,
Tous ses habits,
Voüant de saintement vivre,
Desormais,
Et cet e doctrine ensuivre,
Pour jamais.
   Quand fut fini le Sermon,
On se depart,
Iesus s'en va chez Simon,
Et autre part,
Magdeleine fort honteuse
Soupirant,
Sa viaffe somptueuse,
Va laissant.
   Elle prend donc tout sûbit,
Un simple habit,
Ses cheveux ayant éparts,
De toutes parts,
Et en sa main une boete
D'un onguent,
Va de loing le saint Ptophete
Poursuivant.
   Arrivant chez le Lepreux,
Où il dînoit,
De son onguent pi ecieux,
Qu'elle tenoit,
Oignit le chef & la teste
Du Sauveur,
Parfumant toute sa teste,

De l'odeur.
Puis s'abaissant à ses pieds,
Les essuya,
De ses cheveux déliez,
Qu'elle déploya,
Les lavant de l'abondance,
De ses pleurs,
Iettoit cris de repentance,
Et clameurs

Quand Simon eut ceci veu,
S'en étonnoit,
Iesus l'ayant apperçeu,
L'en reprenoit,
Puis dit à la Magdeleine,
Tes commis,
Et pechez sans nulle peine,
Sont remis.

Or prions ce bon Sauveur
De bouche & de cœur,
Qu'insi qu'il a fait pardon,
A Magdelon,
Ainsi que chantions la gloire
De ces faits,
Il oste de sa memoire
Nos forfaits.   Ansi soit-il.

F I N.

Noel ancien des deux Bergeres parlant de l'humanité du Fils de Dieu, l'une qui est humble, & l'autre mondaine, en dialogue, Sur le chant : Ie me leve par un matin devant le jour.

L'Humble.

QUoy ma voisine est-tu fachée,
Dites-moy pourquoy,
Veux-tu venir voir l'accouchée,
Avec moy,
C'est une Dame fort discrette,
Ce m'a-t-on dit,
Qui nous a produit le Prophete,
Souvent prédit.

La Mondaine.

Je le veux allons ma commere,
C'est mon desir,
Nous verrons l'Enfant & la Mere
Tout à loisir;
Aurons-nous pas de la dragée,
Et du gâteau,
La salle est-elle bien rangée,
Y fait-il beau.

L'Humble.

Ha! ma Bergere tu te trompe,
Fort lourdement,
Elle ne demande pas des pompes,
Ni ornement,
Dedans une chetive Estable,
Se veut ranger,
Où n'y avoit buffet ni table,
Pour y manger.

E

La Mondaine.

Au moins est-elle bien coëffe s
De fins raiseaux,
Et sa couche est-elle étouffée,
De fins rideaux,
Son ciel n'est-il pas de brodure
Tout campané,
N'a-t-il pas aussi pour brodure
L'or bazané.

L'Humble.

Elle a pour sa belle couche,
Dedans ce lieu,
Le tronçon d'une vieille souche,
Tout au milieu,
Le mur luy sert d'une custode,
Et pour son ciel,
Il est fait à la pauvre mode,
De chaume vieil.

La Mondaine.

Encore faut-il que l'accouchée
Ait un berceau,
Pour bercer quand elle est couchée,
L'Enfant nouveau,
N'a-t-elle pas garde & servante,
Pour la servir,
N'est elle pas assez puissante
D'y survenir.

L'Humble.

L'Enfant a pour berceau la créche,
Pour sommeiller,
Elle a pour toute compagnie
Son cher Baron,
Elle a bœuf pour sa megnie,
Et un Asne.

La Mondaine.

Tu me dégoûte ma voisine,
D'aller plus loin
Pour une femme en gesine
Dessus du foin,
Pour moy qui ne suis que Bergere
Suis beaucoup mieux,
Que non pas cette menagere
Sous ce toict vieux.

L'Humble.

Ne parle pas ainsi commere,
Mais par honneur,
Crois-moy que c'est la chaste Mere
Du vray Sauveur,
Qui veut ainsi vivre pauvrement,
Nous sauvant tous,
Montrant combien qu'il soit le Maistre,
Et humble & doux.

La Mondaine.

Exemptez-nous, tres chere Dame,
De tout orgueil,
Quand de corp, partita nostre ame,
Faites-luy acceuil,
La presentant, grande Princesse,
A ton cher Fils,
Pour participer la liesse de Paradis,
Noel, Noel, Noel.

*Noel de L'Ange quand il fut avertit les Pasteurs de
la naissance du Redempteur, en dialogue. Sur le
chant : Si i'étois Prince, ie voudrois avoir mille
Provinces pour vous ad rer.*

VOus tous Bergers qui gardez vos brebis,
Grande nouvelle je vous avertis,

Que le Seigneur le Roy des Rois suprême,
Dans une pauvre Estable viént de naistre.

Les Pasteurs.

Qui estes-vous nous en sommes ébahis,
Vôtre clarté nous a tout éblouis,
Qui est ce Roy nouveau né dans nos terres,
Et de le voir nous en serions tres-aises.

L'Ange.

Je suis un Ange exprés venu icy,
Vray Messager de Dieu de Paradis,
Pour vous annoncer une grande joye,
Ce Dieu est né, tant predit par les Prophetes.

Les Pasteurs.

Anges tres saint & Messager de Dieu,
De la Naissance dites-nous le lieu,
Pour l'aller voir en toute diligence,
Nos esprits sont épris de grande réjoüissance.

L'Ange.

Dans Bethléem vous dis de verité,
C'est là le lieu de tout tems ordonné,
Comme en a dit le Prophete Isaïe,
Dans Bethléem doit naistre le Messie.

Les Pasteurs.

Ange de Dieu de grace dites-nous,
Quel équipage porterons-nous,
Que faut-il donc pour luy faire hommage,
Car nous n'avons que tres-peu d'heritage.

L'Ange.

Si vous voulez sçavoir ce que ce Dieu,
De vous demande dedans ce bas lieu,
Il ne veut point avoir d'autre heritage,
Que vôtre cœur entier sans nulle partage.

Les Pasteurs.

Mais pouvons-nous avec liberté,
Avoir accez à cette Majesté,
Sans crainte qu'aucun ne nous fasse outrance,
Dites-le nous, nous irons sans doutance.

L'Ange.

Mes chers amis, allez ne craignez point,
C'est luy qui du tout le monde à le soin,
Et qui se donne à vous d'obeïssance,
Car l'Eternel en a fait l'Ordonna▮▮

Les Pasteurs.

Mais de quels propos & de quels complimens,
Parlerons-nous au Sauveur Tout puissant,
Car nous n'avons point en nous d'éloquence,
Et nous n'avons étudié aux sciences.

L'Ange.

Ce Dieu tres-doux & remply de bonté,
Rien ne demande que l'humilité,
Ne cherchant pas la superbe doctrine,
De celuy qui ne la tient que pour son estime.

Les Pasteurs.

Ange divin, ce sage & puissant Roy,
Ceux de sa Cour ne feront en émoy,
De voir des gens avec des houlettes,
Qui viendront voir ce Roy dans sa couchette.

L'Ange.

Le Tout-puissant n'est point comme vos Rois
Qui vivent en pompes & nobles arrois,
N'a avec luy plus grande compagnie,
Que le juste Ioseph & la douce Marie.

Les Pasteurs.

Ha! quoy faut-il que le Dieu Tout-puissant,
Vienne icy bas & soit comme un enfant,

Pour se vestir de nôtre chair humaine,
Puis comme nous sujets aux mêmes peines.

L'Ange.

Mes bons amis point ne vous étonnez,
La cause est des hommes les pechez,
Car Dieu voyant les vivans dans l'abîme,
Allez bien-tost s'il ne les redime.

Les Pasteurs.

Ange tres-di___ qui est ce beau chant,
Quelle harmonie qui s'en va disant,
Gloire la haut, paix la bas en la terre,
Air musical que nous émeu de joye.

L'Ange.

Ce font les Anges qui vous publians,
Les grandes joyes, les contentemens,
De voir bien-tost que la nature humaine,
Sera en bref delivrée de grandes peines.

Les Pasteurs.

Anges divin, nous voilà trestous prest,
Sans plus tarder ni avoir nul arrest,
Et tous voüez envers ce Roy aimable,
Qui vient pour tous nous oster de servage.
Au jour de Noel, prions tous humblement,
Le Redempteur, le Sauveur Tout-puissant,
Que nous puissions par son humble naissance,
Aller au Ciel par sa grande clemence.
Amen, Noel, Noel, Noel.

Noel nouveau, Sur l'air : *Il n'est rien de si tendre*
que ie le suis pour vous, &c.

IL n'est rien de plus tendre,
Que l'amour du Sauveur,

Et c'eſt un grand malheur
A qui s'en veut deffendre,
Pour mettre ailleurs ſon cœur,
Il n'eſt rien de plus tendre,
Que l'amour du Sauveur.

Rien n'eſt plus deteſtable,
Que le prophane amour
Quand on lui fait la cour
L'on devient miſerable,
Et puis l'on dit un jour,
Rien n'eſt plus deteſtable
Que le prophane amour.

Si c'eſt faire une injure
A ce doux Redempteur,
Au lieu du Createur,
D'aimer la creature,
Quittons la de bon cœur
Si c'eſt faire une injure
A ce doux Redempteur.

Pour moi, Sauveur ſuprême,
Ie vous aime ſur tous,
Et vous prie à genoux,
D'une faveur extrême,
Me l'accorderez-vous,
Pour moy Sauveur ſuprême,
Ie vous aime ſur tous,

Donnez-moy vôtre grace,
Dont je ſuis amoureux,
Afin que dans les Cieux,
Ie merite une place
Parmi les Bien heureux,
Donnez-moi vôtre grace
Dont je ſuis amoureux,   FIN.

Noel nouveau, Sur l'air : *Quitte ta houlette,*
Berger, disoit Nannette, quitte ta
houlette. &c.

PLusieurs du Village,
Ont veu ce divin gage,
Plusieurs du Village,
Ont veu ce nouveau né,
Tout adorable,
Et miserable,
Dans une Estable,
Abandonné
Comme un mortel infortuné,
  Il est dans la crèche,
Sur la paille fraische,
Il est dans la crèche,
Sans lit, sans bois, sans feu,
Une Pucelle charmantes & belle,
Tend la mamelle,
Dans ce saint lieu,
A ce bel Enfant Homme & Dieu.
  Portons luy des langes,
A ce beau Roy des Anges,
Portons lui des langes,
Et quelques fins drapeaux,
Pour faire ensuite
Nostre visite,
De nos hameaux,
Les chiens auront soin des troupeaux.

F I N.

Noel nouveau de l'adoration des trois Rois, Sur l'air
De nostre cabale chassons le soussy, &c.

TRois illustres Mages,
Dont l'auguste front,
Fait connoistre ce qu'ils sont
Rendant leurs hommages
Au Roy sans second.

Faut il d'autres marques
De vostre grandeur,
A vos pieds divin Sauueur
Voila trois Monarques
Qui vous font honneur.

Ils ont, ces trois mages,
Un sçauoir profond,
Mais vostre grandeur confond,
L'esprit des plus sages.
Tout sçauant qu'ils sont.

Ils pouvoient apprendre
Vôtre dignité,
Sans pouuoir comprendre,
Son immensité.

Tous trois sacrifient,
A vos saintes lo x :
Et tous comme Rois des Rois
Ils vous glorifie
D'une même voix.

F I N.

Autre *Noel*, Sur le chant : *Ie me suis levé par un*
matinet, & du muget encore.

JE me suis levé par un matinet,
Que l'aube prenoit son blanc mantelet,
Chantons Nolet, Nolet, Nolet,
Chantons Nolet encore.

Que l'aube prenoit son blanc mantelet,
J'ay pris ma jacquette & mon haut bonnet,
Chantons Nolet, Nolet, Nolet,
Chantons Nolet encore.

J'ay pris ma jacquette & mon haut bonnet,
Et mon court manteau de gris violet,
Chantons Nolet, Nolet, Nolet,
Chantons Nolet encore.

Et mon court manteau de gris violet,
Ie m'en suis allé chercher colinet,
Chantons Nolet, Nolet, Nolet,
Chantons Nolet encore.

Je m'en suis allé chercher colinet,
Qui se promenoit dans son Iardinet,
Chantons Nolet, Nolet, Nolet,
Chantons Nolet encore.

Qui se promenoit dans son Iardinet,
Que faites vous la gentil garçonnet,
Chantons Nolet, Nolet, Nolet,
Chantons Nolet encore.

Que faites-vous là gentil garçonnet,
I'écoute dit-il le Rossignolet,
Chantons, Nolet, Nolet, Nolet,
Chantons Nolet encore.

I'écoute dit-il le Rossignolet,
Iamais je n'ay oüi chant si doucelet,

Chantons Nolet, Nolet, Nolet,
Chantons Nolet encore.

Jamais je n'ay oüi chant si doucelet,
Ce n'eſt Roſſignol ni autre oyſelet,
Chantons Nolet, Nolet, Nolet,
Chantons Nolet encore.

Ce n'eſt Roſſignol ni autre oyſelet,
Mais du ſaint Empire un ſaint Angelet,
Chantons Nolet, Nolet, Nolet,
Chantons Nolet encore.

Mais du ſaint Empire un ſaint Angelet,
Qui dit en ſon chant un cas nouvelet,
Chantons Nolet, Nolet, Nolet,
Chantons Nolet encore.

Qui dans ſon chant un cas novelet,
C'eſt qu'en Bethléem eſt né le Nolet,
Chantons Nolet, Nolet, Nolet,
Chantons Nolet encore.

C'eſt qu'en Bethléem eſt né le Nolet,
Et que nous allions voir l'Enfantelet,
Chantons Nolet, Nolet, Nolet,
Chantons Nolet encore.

Et que nous allions voir l'Enfantelet,
I'ay pris mon tambour & mon flageolet,
Chantons Nolet, Nolet, Nolet,
Chantons Nolet encore.

I'ay pris mon tambour & mon flagolet,
Colin ſa viole & ſon archelet,
Chantons Nolet, Nolet, Nolet,
Chantons Nolet encore.

Colin ſa viole & ſon archelet,
Les autres Bergers vinrent au Ballet,
Chantons Nolet, Nolet, &c.

Les autres Bergers vinrent au ballet,
Dieu vueille sçavoir comme tout alloit,
Chantons Nolet, Nolet, Nolet,
Chantons Nolet encore.

Dieu vueille sçavoir comme tout alloit,
Le ballet fini partîmes d'illec,
Chantons Nolet, Nolet, Nolet,
Chantons Nolet encore.

Le ballet fini partîmes d'illec,
Et allâmes voir le petit doüillet,
Chantons Nolet, Nolet, Nolet,
Chantons Noel encore.

Et allâmes voir le petit doüillet,
Que sa Mere couche en un drapelet,
Chantons Nolet, &c.

Que sa Mere couche en un drapelet,
Chacun presenta son don joliet,
Chantons Nolet, &c.

Chacun presenta son don joliet,
L'un de la farine & l'autre du lait,
Chantons Nolet, &c.

L'un de la farine & l'autre du lait,
Puis recommençant un autre couplet,
Chantons Nolet. &c.

Puis recommençant un autre couplet,
Nous prenons congé du saint Angelet,
Chantons Nolet, &c.

Nous prenons congé du saint Anglet,
Chacun s'en retourne à son troupelet,
Chantons Nolet, Nolet, Nolet,
Chantons Nolet encore.

FIN.

CONTEMPLATION SUR LA PASSION
de Nôtre Seigneur Iesus-Christ, composée sur *O vos omnes qui transitis per viam.* Et sur les Revelations de Sainte Brigide & autres, en maniere de Dialogue, par Personnages, Sur le chant, *Or nous dites Marie.*

Le Createur commence.

VOus qui passez la voye,
 Parmi ce monde ci,
Que chacun de vous vioye
Ce qu'endure aujourd'huy
S'il est douleur pareille,
Qu'il nous convient porter,
Pour nous que chacun vueille
Bien se considerer.

La Creature.

O Createur unique,
Vueille nous raconter,
La douleur tiranique
Qu'il faut considerer.

Le Createur.

O pauvre creature,
En contemplation,
Considere l'injure
Qu'eus en ma Passion.

La Creature.

O Createur du monde,
Quand des Iuifs pris tu fus,
Y avoit-il grand monde
Quand à toy sont venus.

Le Createur.

Bien quarante hommes d'armes
Avoit, & trente Archers,
Sans les Soldats en armes
Et autres Officiers.

La Creature.

O Iesus Roy de gloire,
Répons à ce propos,
N'y avoit-il pas encore,
Qui portoient les falots.

Le Createur.

Cinquante aux lanternes,
Et quarante aux flambeaux,
Pour conduire les armes
Avoit quatre étendards.

La Creature.

Dis-moy je te suplie,
Qui esto t le méchant,
Menant telle compagnie,
Et qui estoit devant.

Le Createur.

Iudas rempli de vice,
Pour aux Iuifs me livrer,
Par sa fausse avarice
Devant me vint baisser.

La Creature.

O Createur tres-digne
Quand au Iardin fut pris
A l heure de Matines
Qu'ont fait les Iuifs malins.

Le Createur.

Trente coups par la bouche,
Des buffes cent & deux,

Soix ante fois en touche,
Et me crachant aux yeux.

La Creature.

O Createur & Pere,
Las t'ont-ils point lié,
Te faisant vitupere
Par la face bandé.

Le Createur.

I'ay eu six vingts collées,
Rudement sur mon col,
La face & mains bandées,
Iöüant au Papifol.

La Creature.

O Createur & Prince,
Prince sur toutes gens,
Les Iuifs aprés la prise
Touchoient-ils rudement.

Le Createur.

Ils m'ont mené telle guerre,
Et rudement frappé
Que six fois jusqu'à terre
M'ont fauffement jetté.

La Creature.

O Createur & Maistre.
Or me dis de rechef.
Sont-ils pas venus mettre
La couronne sur ton chef.

Le Createur.

La couronne piquante
Du jonc marin du bois,
Iusqu'au cerveau faisant
Soixante & douze playes.

La Creature.

O Iesus debonnaire
Quand la Croix tu porteras
Iusqu'au mont de Calvaire
Tombas-tu point en bas.

Le Createur.

Cinq fois je chus à terre,
A la cinquiéme fois,
Ie tombay en grande serre
Sous ma pesente Croix.

La Creature.

O Iesus Roy de gloire,
Lors qu'au mont tu allas
Eus-tu des coups encore
Eus tu beaucoup de pas:

Le Createur.

Cent coups recus en terre
Tant en haut comme en bas
Me faisant passer outre,
Ie fis mil trois cens pas.

La Creature.

O Createur & Pere,
Quand à la Croix fut mis
Et cloüé sur la terre
Des cloux par les pertuis.

La Creature.

Trente trois coups à terre,
Sur les cloux touché ont,
Soixante & douze encore
Quand fut levé à Mont.

Le Createur.

O Createur du mcnde,
Dites-moy à cette fois,

La douleur la plus grande
que tu eus en la Croix.

####### *Le Createur,*

En mon dos une playe
Pronfonde de trois doigts,
Sur lequel je portois
Ma tres-pesante Croix.

####### *La Creature.*

O Createur unique
Quand tu fus étendu,
En la Croix magnifique
Eut ton costé fendu.

####### *Le Createur.*

Le grand coup de la lance
Mon costé s'y ouvrit,
Donc en grande abondance
Et puis l'eau en sortit.

####### *La Creature.*

O Createur & homme
Raconte moy alors
Combien de playes en sôme
Receus-tu sur ton corps.

####### *Le Createur.*

J'en ay receu six mille
Six cens soixante & six,
Ie te prie sois habile
Considere tel prix.

####### *La Creature.*

O Createur du monde
Raconte tout comment,
Le nombre pur & monde
Des gouttes de ton sang.

F

Le Createur.

Le nombre de cent mille
Quarante six ainsi,
Qu'un chacun de nous vueille
Le compter aujourd'huy.

La Creature.

O Createur & Maître,
Dis-moy à cette fois,
De quel bois pouvoit estre
Le fus de la vraye Croix.

Le Createur.

Le pied étoit de Cédre
Et le long de Ciprés,
Le travers est de Palme,
Le tiltre d'olivier.

La Creature finit, & paracheve ce qui s'ensuit.

Iudas par avarice
Et par envie les Iuifs
Ont fait l'homme sans vice
Une fois l'homme crucifix.

Plusieurs encore pires
Par peché mangeant,
B en souvent nôtre Sire
Vont le crucifiant.

Qui est la creature,
Qui n'a le cœur dolent,
D'ouïr telle iujure
A l'homme innocent.

Qui est l'œil qui ne pleure
Et le cœur qui ne send,
Il est né à malheur
Qui n'est triste & dolent.

O Passion amere,

O tres-profonde playe,
Effufion entiere
Du fang du Roy des Rois.   Ainfi foit-il.

Autre Noel, Sur l'air : *Pour la Bergere Lizette.*

MON ame veux-tu comprendre
Comment tu peux mettre au jour
Iefus, cet enfant fi tendre,
Ce poupon fi plain d'amour?
En voicy tout le myftere:
Tu pourras le concevoir,
Le porter commé fa Mere,
Et l'enfanter, & le voir.

   Si tu veux changer de vie,
Et quitter tes faux plaifirs,
Si c'eft ta plus forte envie,
Le plus grand de tes defirs;
Si tu as conceu, mon ame,
Comment un enfant ce deffein;
Si tu nourris cette flamme,
Et la porte dans ton fein.

   Si fur ces faintes penfées
Tu as fouvent confulté
Des perfonnes éclairées,
Et de grande fainteté:
Enfin fi par tes prieres
Tu peux avoir merité
Les ardeurs & les lumieres
De l'Efprit de verité.

   Si tout de bon tu commerce
Enfin à executer;
Si peu à peu tu avance;

Fij

Si tu te sens profiter :
Si tu mets bas toute crainte,
Et tout le respect humain,
Et si c'est ta seule plainte,
De perdre le tems en vain.

Crois qu'en ce saint tems, mon ame
Tu és mere du Sauveur ;
Et que comme Nôtre-Dame,
Tu l'enfante dans ton cœur ,
A cette heureuse naissance
Les Anges viendront chanter
Des airs de rejoüissance ;
Ils viendront te visiter.

Ils diront ce beau cantique,
Qu'ils chanteront autrefois ;
Ils chanteront en musique
Tous d'une commune voix
Donnez au grand Dieu la gloire
Esprits heureux dans les cieux ;
Il remporte la victoire
Dans cette ame dans ces bas lieux.

Autrefois la chair rebelle
S'opposoit aux bons propos ;
Cette ennemie mortelle
Troubloit toûjours le repos ;
Elle n'étoit point soûmise
A la loy de la raison ;
Et preferoit sa franchise
Aux douceurs de l'Oraison.

L'esprit gemissoit sans cesse
Sous cette captivité
Tout accablé de tristesse
De voir son infirmité ;

Sa flottante incertitude
Dans son genereux dessein
Luy donnoit un combat rude,
Qui luy déchiroit le sein.

   Maintenant aprés la guerre,
Nous voyons qu'enfin la paix
Va regner en cette terre,
Et s'établir pour jamais :
Cette ame est dans un grand calme
Et dans la tranquillité ;
Elle a remporté la palme,
Et vaincu l'iniquité.

   L'on n'entend ni cris, ni plainte
Pendant cet enfantement
Car une ame ainsi enceinte
Est exemte de tourment,
Des douleurs, & des tranchées,
Et des violens efforts,
Qu'endurent les accouchées,
Lesquels brisent tous leurs corps.

   Ce n'est que chants d'allegresse,
Ce n'est que ravissement :
Ce n'est qu'amour, que tendresse,
Ce n'est que contentement :
Une ame est toute ravie
De son heureux changement,
Et de sa nouvelle vie,
Qui luy plaist infiniment.

   Mon ame cette naissance
Se passe au dedans de toy ;
Tu possedes dans l'enfance
Iesus ton Seigneur & ton Roy,
Si tu és une Marie,

Et tu porte ce beau nom,
Voicy ce qu'il signifie,
Les merites-tu, ou non ?
   Marie : une mere amere ;
Marie éto le qui luit,
Et laquelle nous éclaire,
Autant le jour que la nuit
Marie : une souveraine.
A laquelle on obeit ,
Comme on doit faire à sa Reine
Au moindre mot qu'elle dit.
   Donc qu'un regret tres sincere
Fasse verser à tes yeux
Une mer de pleurs ameres
En tout rencontre , en tout lieux.
A tout moment , à toute heure
Regrette le temps perdu :
Dans ton cœur soupire, & pleure
D'avoir si tard attendu.
   Sois une étoille brillante,
Par ton exemple fais voir ,
que la vertu est charmante,
Qu'elle remet au devoir ,
Qu'elle a bien plus de delices ,
Plus de charmes & d'appas,
Que n'ont ensemble les vices ,
Et bien plus qu'on ne croit pas.
   Sois comme une souveraine,
Maîtrise les mouvemens
De la chair, cette hautaine ;
Foule aux pieds les sentimens
Du monde & de la nature ;
Mortifie tous tes sens,

Ton intention soit pure,
Sur tout ne perds plus le temps.

AUTRE NOEL.

NOel, Noel, Noel, cette journée,
Devons chanter pour la Vierge hono ée,
C'est ma Maistresse,
De quoy je suis amoureux,
Le jour que je voy ma mie
Je ne puis estre joyeux,
Car de vertu illuminée
Et de bonté Marie est appellée,
Noel, Noel, Noel, cette journée,
Devons chanter pour la Vierge honorée.

  Le fils du Roy de parade
De l'amour estant épris,
Luy envoya un message,
Bien courtois & bien appris
Qui lui a dit Vierge tres-honorée,
Du fils de Dieu son amour à donnée.
      Noel, Noel, Noel, &c.
  Pour apporter la nouvelle,
Le Messager descendit,
Trouva la Vierge pucelle,
Qui humblement lui a dit :
Dieu soit en toy, ô Vierge bien heurée
Du fils de Dieu tu és la bien aimée.
      Noel, Noel, Noel, &c.
  La Vierge point ne fut fiere,
Luy répondit bien humblement,
Moy petite chambriere,
Suis à son commandement,

C'est mon soulas, mon desir, ma pensée,
Autre qu'à luy mon amour n'ay donné,
Noel, Noel, cette journée,
Oncques en jour de ma vie,
A moy n'attoucha nulluy,
Sans y penser vilennie,
Ie suis enceinte de luy,
Pucelle suis & Vierge renommée,
Mais non pourtant ma ceinture est levée,
Noel, Noel, Noel, &c.
Au bout de neuf mois la Vierge,
Sans douleur elle enfanta,
L'ange qui point ne sommeille.
La nouvelle apporta,
Aux pasteurs de la contrée,
Qui sont venus voir la Vierge honorée,
Noel, Noel, Noel, &c.
Nous vous prions noble Dame,
Vôtre cher fils supplier,
Qu'il nous garde de tout blâme
Et fisse multiplier,
Ve tu en nous, & toute cette année
Garde de mal en paix bien ordonnée
Noel, Noel, Noel cette journée,
Devons chanter pour la Vierge honorée.

AUTRE NOEL.

CEtte digne accouchée,
qui de Dieu fut portée,
Neuf mois entierement,
Souvent,
Doit être bien prisée

De bouche & de penſée
De tous hommes vivans,
En penſant à la joye
Que Gabriel luy fit
Quand en parole vraye,
La loüant luy dit
Ave Vierge ennoblie
De Dieu ſeras remplie,
Ce propos je te dis
Par luy,
Soit ainſi dit Marie
Ie ſuis toute ma vie
Servante d'icelui.

Mont fut ſage en école,
Quand ainſi répondit,
En icelle parole,
Le fils de Dieu en elle vint,
De cela fut certaine
Sa couſine germaine
Sainte Elizabeth,
Qui bel
Luy dit entendez Sainte,
Certes vous eſtes enceinte
Du Roy celeſtiel.

En tes flancs eſt encloſe
La ſainte Deïté,
Par qui ſera encloſe
D'Enfer la fermeté
Pas ne demeura mie
Que la Vierge Marie
Ne le ſentit mouvoir
Pour voir,
Ha ! Noel ne dort mie,

Dieu delivra Marie
Sans nul mal concevoir.
 La premiere nouvelle
En vint aux Paſtoureaux,
Qui deſſus l'herbe belle,
Gardoient leurs agneaux,
En ce tems tels étoient
Qu'en nul mal ne penſoient
N'en vices, n'en pechez
Mortels,
Es Cieux les mains tendirent
Comme ceux qui deſirent
La venuë du Meſſie.
 L'Ange leur alla dire
Que l'enfant étoit né
Dont ſain Iean à vray dire
Avoit ja ſurmonté
Les Anges en chanterent,
Les Paſteurs loüerent,
Dieu de tout leur pouvoir
Pour vray,
Trois Soleils ſe leverent
Qui aux trois Rois donnerent,
Courage de mouvoir.
 L'un parti d'Arabie
Et l'autre de Damas,
De terre honorable,
Et le tiers de Sabas,
Par Herodes paſſerent,
Mais pas n'y retournerent,
L'Ange leur deffendit,
Auſſi
En Bethléem allerent

Où le fils de Dieu trouverent,
Qui sans peché nâquit.

Gaspard quoy qu'on en dise,
Offrit premierement
A Dieu fils de Marie,
Myrrhe devotement,
Melchior ne dort mie,
Encens qui signifie
Qui bien y penseroit
Du fait,
Pureté, nette vie,
Tel dont je vous affie,
A Dieu appartenoient.

Balthazard par noblesse
Offrit Or qui répend,
A genoux sans paresse,
A Dieu devotement,
Puis l'Etoille fit luire,
Pour les trois Rois conduire
Quand ils furent partis,
Depuis,
Herodes en eut tel'e ire
Qu'il en fit bien détruire
Maintes Innocens petits.

Mais il ne peut mal faire
A ce grand Roy des Rois
Il fut tant debonnaire,
Mais en pauvres drapelets,
La Vierge renommée
Quand elle fut relevée,
De son digne Enfançon,
Adonc
S'en est au Temple allée

Presenter sa porté
Es bras de Simeon.

Sainte Eglise honorée,
En fait grande mention
De sa di ne portée :
Pource donc requerons,
Cette Vierge honorée,
Qui est de tous reclamée
Quand nous trepasserons
Alions,
Là sus pour demeurée,
Avec la Vierge bien heurée,
De son digne Enfançon.

Autre Noel, Sur le chant : *Dureau la durée.*

NOus sommes en voye
Tous qui sommes icy
D'avoir bien-tost ioye,
Dureau la durée :
D'avoir bien-tost joye,
Du doux Iesus-Christ,
Vierge de noblesse
Qui estes en paradis,
Nous venons requerre,
Dureau la durée,
Nous venons requerre,
Que nous ayons mercy,
En ta chair humaine
Se mit Iesus-Christ,
Te trouvant tant humble,
Dureau la durée :
Te trouvant tant humble,
Que l'Ange te dit.

Tu conceuras Marie,
Le doux Jesus. Christ,
Suis la chambriere,
Dureau la durée:
Suis la chambtiere
Fasse à son plaisir.

  Où Dieu voulut naistre,
En pauvre logis,
Auprés de la Créche
Dureau la durée:
Auprés de la Créche
La Vierge se mit.

  L'Ange de Hautesse
Aux Pasteurs petits
A dir par noblesse,
Dureau la durée:
A dit par noblesse,
Qu'est né Iesus. Christ.

  Tantost celui-même
Aux Rois fut transmis,
Leur a dit en prose,
Dureau la durée:
Leur a dit en prose,
Qu'est né Iesus Christ.

  Les trois Rois se mirent
En état joli,
Pour faire grand joye,
Dureau la durée:
Pour faire grand joye
Au deux Iesus. Christ.

  Devant eux l'Estoille,
Grand clarté rendit,
Pour montrer la joye,

Du eau la durée :
Pour montrer voye
Où eſt né Ieſus-Chriſt.

  Or, Encens & Myrrhe
Luy ont preſenté,
En lui diſant Sire,
Dureau la durée :
En lui diſant Sire,
Te donnons cecy.

  Nous te prions Pere
Qui pour nous ſouffrit,
Nous donner la joye,
Dureau la durée :
Nous donner la joye,
De ton Paradis. Ainſi ſoit-il.

Autre Noel, Sur le chant : *La patience je prend*
par amour, &c.

C'Eſt la Reine du Ciel,
  Marie la toute belle,
Sans amer ny ſans fiel,
Iamais n'en fut de telle,
Elle eſt tant belle,   bis
Tant parfaite à mon gré,
que d'un vouloir fidele,
Mon cœur luy ay voüé.

  En jour de mon vivant,
D'autre n'auray envie,
Mais ſon loyal ſervant,
Seray toute ma vie :
Vierge Marie,   bis
Mere du doux Ieſus,
Soyez-moy vraye amie

N'en faites point refus.

Malheureux envie
Remply d'autre cuidance
Où aviez-vous les yeux,
Où est vôtre esperance,
N'estes-vous pas,   bis
Malheureux & maudits,
pas n'avez de fiance
D'aller en Paradis.

Traistres de verité,
Passionné d'envie,
Elle a tant merité,
Que malgré ta furie,
Seras servie,   bis
Par toute Chrétienté,
Et toy par ta folie
A jamais condamnée.

Miserable ressort
De Belzebuth nommé,
Le tems s'opproche fort,
Que seras ruiné,
Et abîmé,   bis
Par tes pechez maudits,
Pendant la renommée,
Que tu as eu jadis.

O méchans pleins d'erreur
Regardez la livrée,
Voyez du doux Sauveur,
La chair tant dechirée,
En patience,
L'a enduré pour nous,
Si vous faites penitence.
Il nous pardonne à tous.

Vivons donc deſormais
En tres-bon Catholiques,
Ne nous fions jamais
A ces choſes iniques,
Qui par devant   bis
Nous montrent beau ſemblant,
Mais quand ſont en arriere,
De nous s'en vont moquant.
    Pour cela ne ceſſons,
(De chere non marrie)
Chanter gayes chanſons,
A l'honneur de Marie,
Qui a porté,   bis
Le ſalut éternel,
Donnent à tous la vie,
A ce jour de Noel.

Autre Noel, Sur le chant : Moy je vous ay ſaiól

EN Bethléem Ville de renom,
Cité de Ieſus nôtre Sire,
Fut par la Vierge de renom,
Accomplie la vraye Prophetie,
Le noble Prophe e Elie,
Devant le tems prophetiſé ;
Parquoy chantons je vous ſupplie
Chantons à haute voix Noel.
  Sur terre eſt venu Gabriel
En chantant d'une voix ſerie,
Diſant voicy l'Emanuël,
Qui vient deſcendre en toy Marie,
Oyant cette parole digne
Luy répondit courtoiſement,
Ie ſuis ta chambriere indigne.

Chantons

Chantons Noel joyeusement.

Conçut la Vierge Mere & pure
Le Fils de Dieu en Déïté,
Vierge est demeurée sans fracture,
Le saint Esprit luy procure
Ainsi faut croire fermement
De cette geniture
Chantons Noel joyeusement.

O Pére Adam réjoüis-toy,
L'ennemy ne t'est plus contraire,
Car aujourd'huy est né le Roy
Qui peut Enfer rompre & défaire
Car il sçait bien qu'il a à faire
En ce n'aura étonnement,
Puis donc qu'il conduit telle affaire,
Chantons Noel joyeusement.

Helas ! humains voyez comment
Nôtre Pére étoit en souffrance,
A souffrir grand deüil & tourment,
Pour une desobéïssance,
Mais Jesus-Christ a fait vangeance
S'est mis en Croix pour payement
Or plus ne soyez en doutance,
Chantons Noel joyeusement.

Mettons nôtre entendement
A loüer Jesus & Marie
Afin qu'à nôtre finement
L'ennemy sur nous ne s'applique,
Que puissions en la déïfique
L'adorer éternellement
Or tous d'une voix authentique
Chantons Noel joyeusement.

G

Autre Noel, Sur le chant : *Quand le Berger va*
aux champs, &c.

A Minuit fut fait un réveil,   bis.
Jamais n'en fut ouy un pareil   bis.
Au païs de Judée,
Au païs de Judée.   Noël.

Les Pasteurs étant endormis,   bis.
Veilloient leurs moutons & brebis,   bis.
Le long d'un verd pré
Le long d'un verd pré.   Noël.

Esbahis furent grandement   bis.
Quand en moins d'un petit moment,   bis.
Ouïrent comme une armée
Ouïrent comme une armée.   Noël.

C'étoient plusieurs Anges des Cieux,   bis.
Qui faisoient un bruit merveilleux,   bis.
Tant devant que derriere,
Tant devant que derriere.   Noël.

Entr'autres étoit Gabriel,   bis.
Messager du Roy Eternel   bis.
Parlant de telle maniere,
Parlant de telle maniere.   Noël.

Ne craignez point mes bons amis,   bis.
Pour vous annoncer suis transmis   bis.
La paix universelle
La paix universelle.   Noël.

Nôtre Sauveur sur terre est né,   bis.
Comme il a été ordonné   bis.
Par le conseil Celeste
Par le conseil Celeste.   Noël.

En Bethléem le trouverez,   bis.

En une étable où le verrez   bis.
Couché entre deux Bêtes,
Couché entre deux Bêtes.   Noël.

   Les Pasteurs ayant entendu,   bis.
Ce mandement tant attendu,   bis.
S'assemblent de vitesse
S'assemblent de vitesse.   Noël.

   Gombauld, Rifflard & Alory,   bis.
Robin, Marion & Alix   bis.
Se trouverent à l'adresse,
Se trouverent à l'adresse.   Noël.

   Comme aussi fit Colin Jacquet   bis.
Et Margot avec son caquet,   bis.
Menant la Perronnelle,
Menant la Perronnelle.   Noël.

   Puis s'y trouva étant bien las   bis.
Le bon Berger Gillet Thomas   bis.
Et alison Grinbelle,
Et alison Grinbelle.   Noël.

   Etant assemblez sont partis,   bis.
Laissant leurs moutons & brebis,   bis.
Paissant sur l'herbette,
Paissant sur l'herbette.   Noël.

   Vers Bethléem ont pris chemin,   bis.
Chacun tendant à cette fin   bis.
De voir le Roy celeste
De voir le Roy celeste.   Noël.

   En allant Rifflard devisoit   bis.
De quoy c'est qu'on l'étrenneroit,   bis.
Mais Gombault vint à dire,
Mais Gombault vint à dire.   Noël.

   Quand à moy mon present est prest, bis.
C'est un agneau qui sans arrest   bis.

Pris en ma bergerie,
Pris en ma bergerie.   Noel.

   Alors répondit Alory,   bis.
Je luy donneray ma brebis,   bis.
Laquelle est si jolie,
Laquelle est si jolie.   Noël.

   Robin a dit à Marion,   bis.
A l'éternel Roy de Sion,   bis.
Que donnerons-nous ma mie,
Que donnerons-nous ma mie.   Noël.

   Marion luy a répondu,   bis.
J'ay un œuf tout frais pondu,   bis.
Pour mettre en sa boüillie,
Pour mettre en sa boüillie.   Noël.

   A l'instant répondit Robin,   bis.
Je mangeray donc le gratin,   bis.
En seras-tu marie,
En seras-tu marie.   Noël.

   Comment se dit Colin Jaquet,   bis.
Faut-il avoir tant de caquet,   bis.
que ne courons-nous vîte,
que ne courons-nous vîte.   Noël.

   Il me tarde que je n'y suis,   bis.
Dit Margo je voudrois voir l'huis,   bis.
Dieu que tant il m'envie,
Dieu que tant il m'envie.   Noël.

   Nos présens sont en ce paquet,   bis.
Avec ceux de Juliet,   bis.
Et de sa grande amie,
Et de sa grande amie.   Noël.

   Ce dit Catin, le mien est beau,   bis.
C'est une tarte & un gâteau,   bis.
Suis-je pas bien garnie.

Suis-je pas bien garnie,   Noël.

   Lors répondit Gillet Thomas,   bis.
En ma foy le mien n'y est pas,   bis.
Dont j'en ay fâcherie,
Dont j'en ay fâcherie.   Noël.

   Il est serré bien dignement,   bis.
Et enveloppé richement,   bis.
Ce n'est point mocquerie,
Ce n'est point mocquerie.   Noël.

   Si vous voulez sçavoir le don,   bis.
C'est une flûte & un bedon,   bis.
Pour réjouïr Marie,
Pour réjouïr Marie.   Noël.

   En babillant se sont trouvez,   bis.
Prés Bethléem où sont entrez,   bis.
Pour voir ce fruit de vie,
Pour voir ce fruit de vie.   Noël.

   L'ayant trouvé l'ont adoré,   bis.
Et de leurs présens décoré,   bis.
De face non marrie,
De face non marrie.   Noël.

   Ayant fait, ont quitté le lieu,   bis.
Se recommandant au bon Dieu,   bis.
Et aussi à Marie,
Et aussi à Marie.   Noël.

   Or prions-le devotement,   bis.
Que nôtre ame au définement,   bis.
Soit és saints Cieux ravie,
Soit és saints Cieux ravie.   Noël.

F I N.

Autre Noel, Sur le chant, *Je m'y levay par un matin, que le jour il n'étoit mie, &c.*

L'Ange du Ciel j'ay ouy chanter
Vers Bethanie,
Jamais n'ouïte raconter
Telle harmonie,
Incontinent mes brebis ay laissé
    Anges, Archanges,
    Cherubins, Seraphins,
    Meinent grande joye
    Pour l'amour du Dauphin,
    Je fus querir mes compagnons
En la prairie,
Qui chantoient de belles chansons,
Par melodie,
Chantez, dancez, faites grand bruit,
Car il est né celuy qui nous nourrit.
      Anges, Archanges, &c.
  Un chacun laisse son bétail,
Pour voir Marie
Accouchée d'un petit Gats,
Le fruit de vie
L'un luy donnoit, l'autre luy promettoit
Tout son vaillât & plus qu'il n'é pouvoit
      Anges, Archanges, &c.
  Je vis l'Enfant sur un coffin
De belle paille,
Velours cramoisi de satin
Pour une maille,
Il n'y avoit rien qu'un petit de foin
L'Enfant crioit qu'il avoit faim.

Anges, Archanges, &c.

Je luy donnay de mon preau
Tout mon fruitage,
Et Jeanneton un bel oyseau,
Et une Cage,
Jannot, Perrot & Guilloteau,
Luy presenterent un beau petit gâteau.

      Anges, Archanges, &c.

Trois-Rois d'étranges regions,
Appellez Mages,
Luy apportoient de beaux dons
Pour leurs hommages
Or, Myrrhe, Encens donnerent par honneur,
Et l'adorant comme leur Créateur.

      Anges, Archanges, &c.

Or prions tous devotement
Le fils de Marie,
Qu'au grand jour du Jugement
Ne nous maudie,
En Enfer avec ces damnez maudits,
Mais à la fin donne son Paradis.

      Anges, Archanges, &c.

Autre Noel, Sur le chant, *Vôtre amour est*
      vagabonde, &c.

UN jour le Sauveur du monde
  Oeilladant la terre ronde,
Voulut choisir icy bas,
Une belle jeune plante
Portant une fleur plaisante;
Mais Sathan ne le voulut pas,
Cette plante bien fleurie

Eroit la Vierge Marie
Eluë fans nuls debats
Pour porter le fruit de vie
pont Satan en eut envie
Car il ne fe voit pas.

Cét efprit diabolique,
Prévoyant que la pratique
S'alloit perdre tout à tas
Craignoit fort de rendre gorge
De fon infernale forge,
Certes il ne le vouloit pas.

Nonobftant toute fa rage
Dieu envoya un meffage
A la Vierge pour ce cas
Sçavoir fi elle veut entendre
A porter ce beau fruit tendre
Ou fi elle ne veut pas.

L'Ange donc que je faluë,
Luy difant tu es eluë
Pour concevoir icy bas
Le Fils de l'Eternel Pere,
Il veut que tu fois la Mere
Dis-moy, ne le veux-tu pas.

Comment pourra cecy être,
Car homme ne veux connoître
J'aimerois mieux le trépas
Que de fauffer la promeffe
Que j'ay faite à fon Alteffe
Non je ne le feray pas.

Le faint Efprit, Vierge fage,
Parfera tout cét ouvrage
Quant à cela ne crains pas
Car c'eft un divin myftere,

Que Dieu veut en toy parfaire
Pourquoy ne le veux-tu pas.
   Puisque c'est de Dieu l'attente
Je suis son humble servante
Son pl est mon soulas,
Sa v nté soit parfaite,
  ainsi qu'il le souhaite
n'y contrediray plus.

Autre Noel, Sur le chant : *A la venuë de Noël.*

Voicy le Redempteur qui vient
   Pour sauver les grands & petits,
Le liberateur des Gentils,
Qui Terre, Cieux & Mer soutient.
  Il nous faut trétous préparer,
Pour humblement le recevoir,
Et nous mettre en nôtre devoir
De nos vices & mœurs réparer.
  Tenons nôtre logis tout prest
Pour recevoir ce grand Seigneur,
Qui prend forme de serviteur
Pour nous délivrer sans arrest.
  Un Fourrier est venu devant,
Pour faire accoustrer le chemin,
A ce Roy passible & humain
Qui vient se rendre obéïssant.
  C'est saint Jean nud & découvert
Qui crie à tous en ce desert,
Préparez la voix au Seigneur
Qui vient pour être nôtre Enseigneur.
  Convertissez vous tous à luy,
Qui est des humains nôtre appuy

Autrement foyez affeurez
Que vous mourez en vos pechez.

Si vous vous tenez endormis,
Comme vous avez fait les jours paffez
Vous ferez par luy delaiffez,
En la main de vos ennemis.

Faites-donc pénitence tous,
Si ne voulez être damnez,
Et par le Sauveur condamnez,
Que bien-tôt verrez entre vous.

Loüange, gloire & tout honneur,
Soit à Dieu nôtre Createur,
A fon Fils & au faint Efprit,
Qui toûjours fans fin regne & vit.

Autre Noel, Sur lechant : *Au jardin de mon pere*
un Oranger il y a, &c.

CHantons de voix hautaine
En joye & tous ébats,
Pour la nature humaine
Remife en fes états,
O bonté fouveraine
Ne nous oubliez pas.

Qu'un chacun fe fouvienne
Qu'elle fut mife en bas
En prifon fous terraine
Pour un mauvais repas.
O bonté fouveraine, &c.

Le Serpent par fa haine
Luy dreffa tels appas,
La coulpe fut foudaine,
Caufe de grands debats.

O bonté souveraine, &c.
Dieu pour l'ôter de peine
Et rompre tous ces lacqs,
Du celeste domaine
Luy vient tendre les bras.

O bonté souveraine, &c.
Il prend donc chair humaine,
Et choisit en ce cas
Une Vierge d'ancienne
Race du Messias.

O bonté souveraine, &c.
Gabriel pour enseigne
Luy dit tu accoucheras,
Un fils chose certaine,
Que Jesus nommeras.

O bonté souveraine, &c.
Bien agile & bien saine
Neuf mois le porteras,
Et sans ayde mondaine,
Vierge l'enfanteras.

O bonté souveraine, &c.
Au bout de la neuvaine,
O Vierge tu nous as
Produit la primeraine
Source de tout soulas.

O bonté souveraine, &c.
Sa joye sans demeine,
Grande de toutes parts,
Les Bergers de la plaine
Accoururent à grand pas.

O bonté souveraine, &c.
De terre ainsi loingtaine
Survinrent à grand tas

Trois Rois pour faire étreine
Au vray Roy de Juda.
    O bonté souveraine
Prions de bonne veine
Le Seigneur des Sabats,
Qu'au Ciel il nous ameine
A l'heure du trépas.
    O bonté souveraine
    Ne nous oubliez pas.

Autre Noel, Sur le chant : *Or maintenant il me*
faut vivre.

CHantons Hymnes & Cantiques
  Pour cét heureux avenement
Du Fils de Dieu que les Antiques
Ont attendu si longuement.
    Or il est né dans une étable,
    Couché sur du foin seulement
    Voyez si l'enfant venerable
    Meritoit un tel traittement.
Les Anges prêchant sa naissance
Aux Bergers gardant leurs troupeaux
Qui pour en avoir connoissance,
Laisserent Brebis & Agneaux.
    Les voilà donc en équipage
    Pour chercher le vray Redempteur
    Et luy font la foy & hommage
    Comme meritoit sa grandeur.
Trois Rois aussi de terre étrange
De beaux présens luy ont porté,
Et tous trois avec loüange
Ont confessé sa déité,

Depuis pour une récompenfe,
Furent de nuit bien avertis
De retourner en diligence
Au d'où ils étoient partis.
Partant Herodes plein de rage
Qui penfoit avec eux faper
Ce nouveau Roy, fit un carnage
Des enfans qu'il put attraper.
Mais toute humaine fapience
Ne pouvoit rien encontre Dieu
Qui par fa grande providence
Retira l'Enfant de ce lieu.
Supplions-le que par fa grace,
Aye toûjours de nous le foin
Et de nos maux pardon nous fafle
Nous fecourant tous au befoin.

Autre Noel, Sur le chant : *O faux Amant, &c.*

ROy Eternel que tout l'Univers admire,
Quel chant, quel los vous peut maintenant dire
L'homme vous irritant,
Vous êtes fon unique Redempteur
De fon falut le vray mediateur
A qui chacun s'attend.
Sus donc Chrêtiens d'une fainte allegrefle,
Le grand pouvoir & fuprême fageffe
Chantons de l'Eternel,
C'eft ce grand Dieu qui a formé les Cieux,
Qui a creé les Aftres lumineux,
La Lune & le Soleil,
C'eft l'ouvrier qui a bâti ce grand monde

D'un bel aspect, d'une forme ronde
Posant l'homme au milieu,
Qui peut dompter le tygre furieux,
Le fier lyon, le sanglier furieux,
Ainsi qu'il plaît à Dieu.
C'est luy qui est de ce buisson la flame,
Qui du Pasteur ravit le cœur & l'ame,
Ne pouvant consommer
Qui fit passer tout son peuple à travers
Les eaux, & qui plongea tous les pervers
Au profond de la mer.
Donc Israël reconnoît pour loüanges,
Ton vray Seigneur qui a fait les échanges
De ta captivité,
Qui premier de l'Egypte a touché
Et les trésors de leurs mains arraché
Te rendant liberté.
Il t'a donné de l'eau pour ton usage
D'un sec rocher & en grande abondance
De sa puissante main,
Et d'abondant du céleste séjour,
Le pain sacré s'effançant chacun jour
Pour assouvir ta faim.
Il t'a fait voir sa volonté écrite,
Mais toy ingrat qui ce bien ne merite,
Quittant ton bien faicteur,
Aimant trop mieux : ô forfait inhumain,
Avoir pour Dieu l'ouvrage de ta main,
Que ton vray Créateur.
De même Dieu de sa bonté exquise
T'a fait joüir de la terre promise,
Aprés plusieurs combats,
Puis Amalec ton premier agresseur

Et Madian à ce rufé maudiſſeur
A renverſé à bas.
Il a ſauvé toute la nature humaine,
Par ſon amour & bonté ſouveraine,
Nous envoyant ſon Fils
Qui ſe vêtant de nôtre humanité
Nous a tiré de la captivité,
Et ouvert Paradis.
Mais ce grand Tout qui vous fait connoître
Nous fait Seigneur vos œuvres apparoître
Par le monde étendu
Raſſemblez donc vos troupeaux égarez
En nôtre Pere & ſi bien les ſacrez
Que nul ne ſoit perdu.

Autre Noel, Sur le chant : *Kyrie fons bonitatis ,*
Pater ingenite , &c.

KYrie le jour de Noël,
Nâquit Emanuël
Jeſus Fils de Dieu Eternel.   Eleiſon.
Kyrie dedans Bethléem,
Avec peu de moyen
Sans couche ny ſans drapelet.   Eleiſon.
Kyrie ce fut à minuit,
En une froide nuit,
Dedans une étable à l'ouvert.   Eleiſon.
Chriſte étant né
Sur un peu de foin fenné,
Le bruit fut ſemé
Juſqu'aux Paſteurs qui gardoient leurs troupeaux,
Prés Bethléem en grands travaux.   Eleiſon.
Chriſte mêmement

Es parties d'Orient

Trois tres-puissans Rois

L'ont sçeu, qui avec tres-nobles arrois,

Sont venus en Jérusalem.   Eleïson.

 Christe étant arrivez

Du lieu se sont informez

Où le Christ étoit né,

Et sçachant que c'étoit en Bethléem

Sont partis bien diligemment.   Eleïson.

 Kyrie l'Etoille ont suivi,

qui les a conduits jour & nuit

Depuis leur partement

Jusqu'à l'Etable en Bethléem.   Eleïson.

 Kyrie ayant veu l'Enfant,

L'adorent & offrent leurs présens,

D'Or, de Myrrhe & Encens

Le tenant pour Dieu Tout Puissant.   Eleïson.

 Kyrie ayant sela fait

Et craignant ce traistre parfait

Herodes le Tyran

Sont retournez en leurs païs.   Eleïson.

Autre Noel, Sur le chant : *Le mignon qui va de nuit.*

CHantons à ce Noel joli

 Grands & petits joyeusement,

Noel à un chant joli,

Ne vivons plus piteusement,

Une Pucelle

De Dieu ancelle

A enfanté (comme l'on bruit)

Un beau mignon en plein minuit.

 C'est le Fils de Dieu immortel

Pour

Pour vray sans dubitation
Lequel s'est fait homme mortel,
Pour nous mettre à salutation
O quelle liesse !
Chantons sans cesse
Car tout nôtre malheur s'enfuit.

  Les Anges en ont bien dreslé,
Un chant tres - melodieux
Et les Pastoureaux ont troulé
D'un courage non odieux
Tout leur bagage,
Pour donner gage.
Et l'ont porté comme s'enluit,
A ce mignon venu de nuit

  L'un luy apporte son manteau
Un autre apporte son bourdon,
L'autre presente son coûteau,
Un autre sa bourse en pur don,
Et à sa Mere,
Faisoit grande chere
Demandoit soulas & déduit
Pour ce mignon venu de nuit.

  Trois Rois aussi y sont venus,
Qui luy ont les chefs tout nuds
Offert de beaux présens
C'étoit d'Or, de Myrrhe & Encés
En démontrance
D'obéissance,
Une etoille les a conduits
A ce mignon je vous supplie

  Prions donc je vous supplie
Puis qu'il est notoirement
De si grande puissance remplie.

H

qu'il nous donne sauvement,
Et sans demeure
Servons à toute heure
Cette Vierge que produit,
Ce beau mignon venu de nuit.

Autre Noel. Sur le chant: *Une fille de Village*
m'a pris en affection , &c.

UNe Bergere jolie
   Par un matin se leva
Conduisant la bergerie
A la campagne s'en va,
Quand une voix Angelique
Dedans l'air retentissoit
qui d'une douce musique
Son aureille ravissoit.
  Cette Bergere gentille
Attentive à ces doux chants,
pensoit que quelqu'autre fille
Fut plus matin qu'elle aux champs
Disposoit sa voix doucette
Pour dire son dorelot.
Mais elle resta muette
Voyant au Ciel l'Angelot.
  De la nue elle voit fondre
Gabriel l'Ange des Cieux
Qui les Pasteurs vint semondre
D'aller voir le Dieu des Dieux
Qui fait homme vient de naître
En Bethléem pauvrement,
Pastoureaux c'est vôtre Maître
Allez le voir promptement,

Le Messie tant desiré
Qui vient à nôtre misere
Donner remede asseuré
Mais il cache sa puissance
Dessous sont humanité,
C'est ce iour qu'il prend naissance
Sus donc qu'il soit visité
C'est ce jour qu il prend naissance,

  Cette sainte Pastourelle
De prime face eut grand peur
Mais cette bonne nouvelle,
Luy a redonné le cœur
Veut laisser troupelette
Pour aller en Bethéem,
Mais d'aller seulette
Il n'y à point de moyen.

  D'aller seule, disoit-elle,
Je prendrois trop grand émoy,
Je vais chercher Perronnelle,
Pour venir avec moy
Si tôt qu'un pas elle, avance,
Elle voit maint Pastoureaux,
Qui vont, qui dancent qui chantent,
Qui joüent du chalumeau.

  Allons donc dit elle ensemble,
Beaux Bergers devotieux
Mais Bergers que vous semble
De chant si gracieux
O la douce chansonnette
O quelle plaisante voix,
La flute n'est point si nette,
Le cornet ny le haut-bois.

  Cette voix ma douce amie
Doit être donc vrayement

Hij

Puis qu'elle est de nôtre vie
Le certain avancement,
Cette voix tant attenduë
Des Proheres & des Rois
Liberté nous est renduë
Par l'effet de cette voix.

Ne sçais-tu douce bergere
Qu'Adam nôtre Pere à tous
Par sa femme trop legere
Provoqué Dieu à couroux
Prenant le morceau de pomme,
Qui luy étoit défendu,
Coupable de mort tout homme
A jamais il a rendu.

Il y a des ans cinq mille
Que Sathan trop inhumain
En condition servile
Detenoit le genre humain
Mais nous avons esperance
De ce divin Enfançon
Pour nous donner délivrance
Vient payer nôtre rançon.

Ce saint & caché mystere
Mon foible esprit ne comprend
Mais qui est la sainte Mere
D'où icy bas naissance prend
C'est une Vierge agréable
Plus belle que n'est le jour,
Où le Sauveur aimable
A mis son divin amour.

O grande réjoüissance
Pour les desolez humains
Mais a t'il pris sa naissance

En ce riche lieu pour le moins
Dedans une pauvre étable
Sur du foin seulement
Cette Vierge charitable
En a fait l'enfantement.

O humanité profonde
De voir en si pauvre lieu
Celuy qui a fait le monde
Le fils unique de Dieu
Mais de grace je vous prie
Que je puisse avec vous
Aller voir ce fruit de vie
Cét Enfant si humble & doux.

Allons doncques d'une bande
Et marchant joyeusement,
Rien de nous il ne demande
Que le cœur tant seulement
Dieu veut la sainte liesse
Qui se fait à son honneur
Allons doncques en allegresse,
Allons voir nôtre Seigneur.

AUTRE NOEL

Laissez paistre vos bêtes
Pastoureaux par monts & par vaux
Laissez paistre vos bêtes
Et venez chanter No.

J'ai ouï chanter le Rossignol
Qui chantoit un chant si nouveau
Si bon, si beau, si raisonneaux
Il m'y rompoit la tête
Tant il prêchoit & caquetoit

Adonc pris ma houlette
Pour aller voir Nolet
　Ie m'enquis au Berger Nolet,
　　As tu oüi le Rossignolet
Tant joliet qui gringotoit
Là haut sur une épine,
Oüi dit-il je l'ay oüi
l'en ay pris ma bussine,
Et m'en suis rejoüi.

　　Nous dîmes tous une chanson
Les autres y sont venus au son
Or sondissons, prend Alison
Ie prendray Guillemette
Et Margo prendra gros Guillot,
Qui prendra petronnelle
Ce sera Talebot.

Ne partons plus nous tardons trop
Allons-y tôt, courons le trot
Viens toy Margo, attens Guillot
l'as son ou ma courierte,
Il faut racoutrer mon sabot,
O viens cette éguillette
Elle te servira trop.

　　Comment Guillot ne viens-tu pas
Oüy j'y vais tout le doux pas,
Tu n'entends pas de tout mon cas
l'ay aux talons les mûles
Par ma foy je n'y puis plus trotter,
Prises m'ont les froidures
En allant estraquer.

　　Marche devant pauvre mulard
Et t'appuye sur ton billard
Et toy coquard, vieil loriquart,

Tu deuſſe avoir grande honté
De rechiner ainſi les dents,
Et deuſſe en tenir conte
Au moins devant les gens.

Nous courûmes tous de telle roideur
Pour voir nôtre doux Redempteur
Et Créateur, & Formateur,
Il avoit (Dieu le ſçache)
Des drapeaux aſſez grand beſoin,
Il giſſoit en ſa Créche
Sur un petit de foin.

Sa Mere avec luy étoit,
Un vieillard qui les éclairoit
pas à l Enfant ne reſſembloit,
Il n'étoit pas ſon Pére,
Ie l'apperceu trop bien & beau
Reſſembloit à la Mére
Encore eſt-il plus beau.

Or nous avons un gros paquet
De vivres pour faire un banquet
Mais le Muguet de Iean Huguet
Et une levriere,
Mirent le pot à découvert,
Mais ce fut la Bergere
Qui laiſſa l'huis ouvert.

Pas ne laiſſames de gaudir
Ie luy donnay une brebis,
Au petit fils une mauvais
Luy donna Perronnelle
Margo ſi luy donna du lait,
Tout plein une écuelle
Couverte d'un volet,

Or prions tous le Roi des Rois

Qui nous donne à tous bon Noel,
Et donné paix de nos méfaits
Ne vueille avoir memoire
De nos péchez mais pardonner,
A ceux du Purgatoire
Nos péchez effacer. Ainsi soit-il.

Autre Noel, Sur le chant : *Enfin celle que j'aime tant lassée d'être cruelle*, &a.

ENfin le jour est advenu
Que Dieu nous a fait grace,
Et que le Sauveur est venu
En cette terre basse
O beau jour amoureux
Jour heureux.

     C'est en ce beau jour desiré,
Jour de paix & concorde
Que le Redempteur éploré
Nous fait misericorde,
O beau jour amoureux,
Jour heureux

     Celuy qui a tout façonné
Les Cieux, la Terre & l'Onde,
Fait homme ce jour est né
Pour racheter le monde
O beau jour amoureux,
Jour heureux.

     O grande merveille d'amour,
O divine puissance.
Que l'incrée vuille en ce jour,
Prendre humaine naissance
O beau jour amoureux,

Jour heureux.

C'est ce jour que le Fils de Dieu
Le saint Verbe du Pere,
Homme. Dieu veut en ce bas lieu
Naître de la Vierge Mere
O beau jour amoureux.
Jour heureux.

Il a pris nôtre humanité
Au flanc d'une Pucelle,
Mariant sa divinité
A la race mortelle
En ce jour amoureux
Jour heureux.

Luy qui fut éternellement
Immortel impassible,
Ce jour s'est volontairement,
Fait mortel & passible,
O beau jour amoureux
Jour heureux.

L'homme l'a vaincu de pitié
Succombé sous la somme
Tant qu'épris de son amitié
Luy - même s'est fait homme,
En ce jour amoureux,
Jour heureux.

Alors que moins l'hôme pensoit
A la perte indicible
Vient le jour que plus s'avançoit
Sa grace remissib'e
O beau jour amoureux.
Jour heureux.

C'est ce jour qu'on a veu les cieux
Tout remplis d'allegresse

Faire leur armonieux
Avec plus de liesse
O beau jour amoureux
Iour heureux.

On voit par la nuë voler
Mille legions d'Anges
Que Dieu envoya parmy l'air
Raconter ses loüanges,
En ce jour amoureux
Iour heureux

Doncques au lieu jour sans pareil,
Favorable & propice ,
Vous voyez naître le Soleil ,
Vous Soleil de Iustice ,
O beau jour amoureux
Iour heureux.

Autre Noel, Sur le chant : *Cruel de party*, &c.

O Heureuse journée ;
Iour gratieux ,
Que nous est retournée
La paix des Cieux
Voilà pais & justice ,
Sans nulle discorde
Dieu tout bon & propice
Les met d'accord.

Douceur , bonté , concorde ,
Marchant aprés
Et la misericorde
Les suit de prés.

La charité s'avance
La grace aussi ,

Divine Providence
Les guide ainfi
   Divine compagnie,
Où allez-vous,
De grace je vous prie,
Dires-le nous.
   Le fils de Dieu nous meine
Touché d'amour
Pour à nature humaine
Faire la cour
   Il l'a feule choifie
Pour fon plaifir,
Elle eft fa chere amie,
Tout fon défir.
   C'eft la douce rebelle,
Son tout, fon mieux,
Ie veux pour l'amour d'elle
Quitter les Cieux.
   Bien-heureufe nature
O quel honneur !
Mais las : que luy procure
Tant de bonheur
   Dieu par fa bonté même
S'y eft reftraint
C'eft fon amour extrême
Qui l'y contraint.
   O chofe merveilleufe
Le fils de Dieu,
   Veut-il faire amoureufe,
En ce bas lieu.
   Il eft de fa Nature
Courtois & doux
Et de fa créature

Il eſt ialoux,
Il eſt tant aimable
Plein de pitié,
Il n'eſt point variable
En amitié
    Sus donc Nature humaine
Retournez-vous,
Vers la face ſeraine
De vôtre-époux.
    Ne ſoyez tant ingrate
De l'offencer,
Vôtre main délicate
L'aille enb aſſer.

Autre Noel, Sur le chant : *Si c'eſt pour mon pucelage. &c.*

SI c'eſt pour ôter la vie
A cét Enfant nouveau né
Qu'avez cét Arrêt donné
O Herodes plein d'envie
Ne vous attendez pas,
Vous n'y perdez que vos pas.
Si c'eſt pour luy faire outrage
que vous faites battre aux chams
Vos gens d'armes le cherchans
Qu'ils ne cherchent davantage,
Vous ne le trouverez pas
Soldats vous perdez vos pas.
    Mais quelle étrange furie
Vous aveugle ainſi les ſens
De tes pauvres Innocens
Faire une telle turie

Ce petit Roy n'y est pas
Vous ne perdrez que vos pas.

    Vous avez bien l'ame éprise
D'un courage audacieux
Contre l'autheur des hauts Cieux
De vouloir faire entreprise
L'effet ne s'ensuivra pas
Vous ne perdez que vos pas.

    N'avez-vous jamais pris garde
Tyran & cœur endurci,
Qu'un Proverbe qui se dit
Bien est gardé qui Dieu garde,
De luy rendre tant d'appas
Vous ne perdez que vos pas.

    O engeance viperine
Voudriez-vous donc forcer
Ou quelque chose avancer
De la volonté divine,
Vous ne le pouvez pas,
Vous ne perdez que vos pas.

    Vôtre effrenée impudence
Voudroit elle point voller
Jusqu'au Ciel pour controller,
La divine Providence,
Non, cela ne se peut pas
Vous ne perdez que vos pas.

    C'est le saint, c'est le Messie,
C'est le Fils du Dieu vivant
Dont nous parle si souvent
La fidele Prophetie,
Bien que vous n'y croyez pas,
Pourtant vous perdez vos pas.

    Il faut prêcher l'Evangile

Premierement aux humains
Il fit des miracles maints
Tant aux champs comme à la ville
De pont chaſſer ſon trépas
Vous ne perdez que vos pas.

    Ioſeph le ſeure conduite
En eſt de l'Ange averty,
Qui bien-tôt en eſt party
pour le mener en Egypte
Vous ne le tenez donc pas ;
Vous ne perdez que vos pas.

    Là l'Egypte à connoiſſance
Combien ſon bras puiſſant,
Les Idoles en paſſant
Ont éprouvé ſa puiſſance,
Plus outre n'allez donc pas,
Vous ne perdez que vos pas.

    Lors que la parque ſevere,
Aura triomphé de vous
Ce Roy charitable & doux
Fera ſon retour proſpere
Mais lors vous n'y ſerez pas
Vous n'y perdez que vos pas.

    Autre , Noel , Sur le chant : Où eſt - il mon bel
             Amy alle , &c.

    Où eſt-il mon doux Sauveur allé ,
Le reverray-ie encore.
QUe maudit ſoit le péché qui eſt la cauſe quore
  Loing de mes yeux eſt caché mon Sauveur que
            j'adore,
Où eſt-il mon doux Sauveur allé ,

Le reverray-ie encore.

Nul ne peut sans mon appui l'œil clore ny délore,
  Où est-il mon doux Sauveur allé,
  Le reverray-ie encore.

Un seul Dieu en Trinité, une Essence i'adore,
pour offrande en verité de mon cœur ie l'honore
  Où est-il mon doux Sauveur allé,
  Le reverray-ie encore,

I'offre donc a sa bonté qu'à deux genous j'implore
Foy : espoir & charité que les vertus redore :
  Où cit-il mon doux Sauveur allé,
  Le reverray-ie encore.

Pour un vain plaisir que j'ay fait les vices que
      i'abhorre,
Mais dolent de mes péchez i'entens mieux faire ores
  Où est-il mon doux Sauveur allé,
  Le reverray-ie encore.

Car de crainte que le feu d'Enfer ne nous dévore,
Il faut la grainte de Dieu dans nos ames enclore,
  Où est-il mon doux Sauveur allé,
  Le reverray-ie encore.

Il va le vice etouffer & la vertu éclorel,
Pour au Palais triompher que l'Etoille se dore,
  Où est il mon doux Sauveur allé,
  Le reverray-ie encore.

F I N.